AF458876

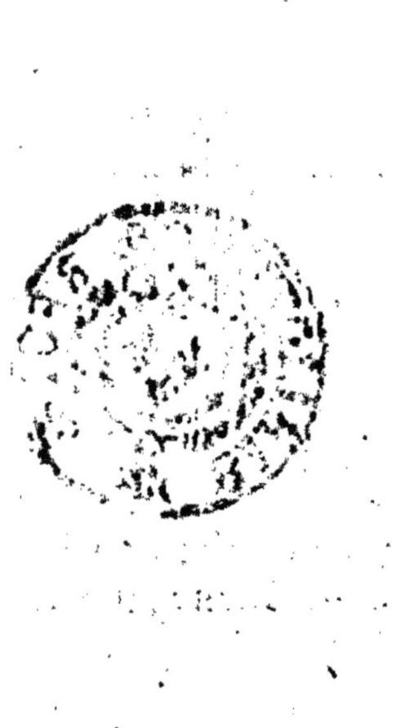

ŒDIPE
ET
TOUTE SA FAMILLE
TRAGEDIE.

AVEC

UNE PREFACE ET UN DIALOGUE.

Par M. DE LA TOURNELLE,
Commissaire des Guerres.

On essaïe dans ces Ouvrages de concilier les diverses opinions de Messieurs Corneille, Despréaux & Boivin sur le cinquiéme Acte de l'Oedipe de Sophocle.

Le prix est de 30 sols.

A PARIS,

Chez FRANÇOIS LE BRETON, Libraire, au bout du Pont-neuf, près la ruë de Guenegaud, à l'Aigle d'or.
DIDOT, Libraire, ruë du Hurepoix près le Pont S. Michel, à la Bible d'or.

M. DCC. XXXI.

Avec Approbation & Privilege du Roy.

PREFACE.

LEs Béotiens ne passoient pas pour être naturellement doüez de beaucoup d'esprit ; il n'y a point de regle generale sans exception : Oedipe sçut en profiter par l'heureuse découverte qu'il fit du sens de l'Enigme du Sphinx. Disons en passant que ce Monstre à voix humaine, aigle, femme, lion, avoit plus de furie que de finesse L'Enigme qu'il proposa à Oedipe n'étonneroit pas nos jeunes écoliers d'aujourd'hui : Mais les Dieux l'avoient apparemment si mal inspiré, aïant enfin marqué le moment de sa mort, & celui du triomphe d'Oedipe. Voici cette Enigme :

Il est sur terre un Animal
Qui marche à quatre pieds, & marche alors fort mal :
Cet Animal aussi de deux pieds se contente,
Et sa démarche alors est bien moins chancelante ;
Mais quand il en a trois, on dit communément
Qu'il est toujours tout près d'entrer au monument.

Cet animal partout a la même nature,
A le même genie, a la même structure;
Pour s'exprimer & pour se faire oüir
Il a plus d'un moyen, dont seul il sçait joüir;
Il en change s'il veut; c'est sa prérogative.
Il n'est autre animal qui vive
Sur terre, en l'onde ou dans les airs,
Dont le talent ne cede à ces talens divers.

Sophocle me fut autrefois un peu connu; &, si je n'avois pas malheureusement négligé les secours qui m'étoient offerts par des personnes du merite le plus distingué, il me seroit devenu familier.

Sophocle ne paroît pas avoir fait une grande estime de toute la famille d'Oedipe. Il fait de ce Prince un homme injuste, violent, plein de caprices dans ses Scenes avec Créon; le Berger de Laïus déclare au quatriéme Acte que c'est Jocaste elle-même qui lui donna son fils pour l'immoler au tems de sa naissance; & Oedipe dit au cinquiéme Acte dans ses lamentations, j'ai prononcé moi-même l'arrêt qui ordonne à tous les Thebains de chasser un impie, un homme que les Dieux déclarent abominable, un homme issu du sang de Laïus. Je me souviens, lorsque je fis ma préface d'Oedipe & Polibe, que ce ne fut pas sans quelque peine que je me déterminai à parler de Laïus comme d'un Prince défiant, & que je pancherois vers la cruauté, si j'avois à le dépeindre. Sophocle qui m'avoit fourni cette idée, n'avoit été suivi par aucun de nos modernes. Monsieur Corneille lui-même, & tous ceux qui ont travaillé après lui sur le même sujet, en ont fait un grand Prince. L'autorité de Sophocle l'emporta chez moi. Cependant je me voïois en quelque façon seul à penser vrai, dumoins aucun de nos modernes ne concouroit avec moi; cette espece de solitude, quoiqu'on soit dans le bon chemin, intimide & inquiete malgré que l'on en ait, dit le Pere Folhard.

Lorsque je fis imprimer cet Eté mes trois fils de Jocaste, Madame Boivin venoit de donner genereusement au Public une Traduction de l'Oedipe de Sophocle, & de la Comedie des Oyseaux d'Aristophane, qu'elle avoit trouvée dans les papiers de Monsieur son mari. Les moindres ouvrages d'un homme aussi habile que l'étoit Monsieur Boivin sont d'une grande ressource pour ceux qui sçavent les lire & en profiter. Je lus très promtement sa préface, & à mesure que je la lisois, je sentois diminuer mon embarras sur l'idée que j'avois donnée du caractere de Laïus, & sur les critiques que j'attendois au sujet de celui qu'a Jocaste dans les trois fils de Jocaste. Jocaste fut une Reine superbe, une mere dénaturée, & certainement diffamée par le meurtre de son fils au berceau, sous prétexte que l'Oracle avoit prédit que ce Prince tûroit dans dix-huit ou vingt ans son pere, & que son meurtrier il épouseroit sa mere : De pareilles craintes sont-elles fondées suffisamment pour forcer une mere à prévenir des crimes qui ne sont point par la mort d'un enfant ? Et doit-on s'étonner que dans les trois fils de Jocaste une Reine de ce caractere prenne l'épouvante pour un songe qu'elle a fait, qui l'avertit qu'un de ses fils doit lui porter le coup mortel avant qu'il soit peu ? les portraits qu'elle fait de ses deux fils, & de la haine réciproque qui est entr'eux & elle-même, la laissent quelque tems indéterminée pour décider duquel des deux elle doit se défier. A la fin elle rejette ce funeste dessein sur Etheocle, sur le prétexte que ce Prince aïant manqué le Trône de Corinthe à la mort de Polibe, qui n'étoit point son aïeul, voudra peut-être à son retour avoir celui de Thebes. Le retour d'Etheocle est precedé par un Oracle d'Apollon qui ne laisse plus aucun lieu aux soupçons qu'elle avoit contre lui : Mais ce même Oracle l'avertit, en dégageant

Etheocle, que rien ne sera changé à l'arrêt du Destin : La voilà donc necessitée à ramasser tous ses soupçons sur Polinice, qui pendant un tems regarde cet Oracle comme une pure chimere, & qui aime mieux songer aux mesures qu'il doit prendre contre son frere qu'il craint. Etheocle amenoit de Corinthe Teracene qui avoit le secret du sort d'Oedipe. On publie à son arrivée qu'on va trouver l'assassin de Laïus ; quelques mots échapez à Etheocle, quelques discours semez sourdement dans la Ville, sont saisis par Polinice, qui veut en les rapportant à Oedipe, animer son pere contre Etheocle, & par là se faire un rempart contre l'ambition de son frere, & les injustes violences de sa mere. Mais ne réüssissant point, après avoir entendu la conversation entre Jocaste & Etheocle qui lui promet le Trône de Thebes, & qui l'excite à la défaire de son ennemi, & lui de son concurrent en immolant son frere ; Polinice se détermine à tuër Etheocle. Sa mort est vengée par sa mere, qui en même tems se délivre de son ennemi. Ces deux morts arrivent en l'absence d'Oedipe qui est allé consulter l'Oracle sur sa naissance, qui trouve à son retour outre la mort de ses fils des éclaircissemens sur ses crimes, qui lui coûtent la vie. Une personne d'esprit me dit, il y a deux ans, que je renversois la Thebaïde par la mort prématurée de ces deux Princes; je l'avouë, mais je les ai remis dans cette Tragedie. D'ailleurs quoique je sente bien qu'avec vingt ou trente vers de plus j'aurois pu sauver cet inconvenient, je crois que j'ai mieux fait encore de les faire mourir, jusques là que j'imagine que, si je voulois recommencer un pareil sujet, j'aurois bien de la peine à me déterminer à en user autrement.

Enfin je ne crois point du tout avoir erré dans les caracteres de Jocaste, d'Etheocle & de Polinice. Je craindrois plûtôt que celui d'Oedipe ne fût pas tel qu'il est à l'ordinaire. On est accoûtumé de voir Oedipe entrer en fureur dès le premier soupçon de ses malheurs. N'est-il point ici trop bon mari, trop bon pere, est-il assez Roi? Mais c'est ici la Tragedie des trois fils de Jocaste, & Oedipe n'y doit être que pour son tiers.

Ceci auroit dû servir de préface à la Tragedie des trois fils de Jocaste. Mais je reviens à celle de Monsieur Boivin. Il fait l'analise de l'Oedipe de Sophocle, débute par l'apeller de son nom, Oedipe Tiran, la Reine des Tragedies, combat le sentiment de qui la mettoit audessous d'Antigone & d'Electre du même auteur; la suit d'Acte en Acte & presque de Scene en Scene, ne la soutient point sans défaut, mais fait voir qu'ils ne sont pas bien grands ; il tire de la querelle d'Oedipe avec Créon, après avoir dit que cet épisode n'est pas à la verité fort interessant, mais qu'il se lie très naturellement à l'action, & que c'est un noeud qui doit préceder le dénouëment, il en tire, dis-je, occasion de faire voir l'habileté de Sophocle, qui aïant attiré sur Oedipe la compassion du Spectateur, est obligé de justifier la colere divine qui poursuit Oedipe comme criminel. Oedipe dans le premier Acte passe pour le plus grand des Rois & des humains ; ensuite Sophocle le fait injuste, violent, promt à condamner, sans les entendre, les personnes les plus respectables, enfin d'une négligence inexcusable en ce qu'il a sçu & n'a pas vengé la mort d'un Roi dont il remplit la place, & dont il a épousé la veuve, & par là justifie les Dieux du Paganisme, qui souvent étoient injustes. M. Boivin passe ensuite au cinquiéme Acte, aux lamentations d'Oedipe, à ses plaintes. C'est ici qu'on doit admirer ce genie superieur, sa modestie, & cette façon adroite dont il se sert pour donner son sentiment. Un homme de sa force, à qui la langue greque étoit familiere autant que la sienne propre qu'il sçavoit parfaitement, qui, Disciple autrefois des Sophocle, Euripide, Eschile, Aristophane & autres, pouvoit par sa capacité s'égaler depuis longtems à ces illustres Grecs, eût pû agir avec toute l'autorité qu'on accorde aux grands maîtres, & décider en faveur de ces lamentations d'Oedipe. Il s'y prend autrement; d'abord il cite Mr. Despréaux, qui, dit-il, a regardé ces plaintes comme le trait le plus vif, le trait qui frape & qui fait le plus d'impression, c'est par ce trait qu'il caractérise non-seulement toute la piece, mais la nature même du Poëme tragique.

Pour nous charmer, dit-il, la Tragedie en pleurs
D'Oedipe tout sanglant fit parler les douleurs.

Il dit après, mais par où donc ces lamentations pourroient-elles avoir déplu à des personnes d'esprit, & d'un esprit même très solide? Pourquoi Corneille, pourquoi tous ceux qui ont depuis traité le même sujet, les ont-ils entierement suprimées? Voilà une surprise qu'il témoigne, mais d'une façon qui laisse bien entendre qu'il n'aprouve point cet oubli. Il finit par un traît rempli d'une urbanité admirable: Quelque belles, quelque touchantes qu'elles ſoient, elles n'auroient pas été goutées ſur nos Théatres, d'où la fierté romaine & peut-être l'orgüeil romaneſque les a entierement banies. Ces dernieres expreſſions contiennent une critique très-fine & des plus déliées. Enfin après avoir lû quatre à cinq fois ce que dit M. Boivin ſur le cinquiéme Acte de l'Oedipe de Sophocle, avoir lû le même 5e. Acte, je voïois trois hommes certainement habiles certainement illuſtres, chacun dans ſon genre, avoir trois opinions bien differentes ſur la même choſe; il apartenoit à ces Meſſieurs de décider ſur cette même choſe : Mais trois reglemens differens ſur un point de litterature ne peuvent faire une déciſion : Ce ne ſont plus que trois ſentimens particuliers qu'il faut concilier s'il eſt poſſible. Il me vint alors deux penſées ; l'une m'excitoit à l'entreprendre, & l'autre m'en fourniſſoit un moyen qui me paroiſſoit ſuffiſant pour en venir à bout. On ſçait comme en ces occaſions l'amour propre agit ; il me fit ſentir toute la gloire qu'on peut acquerir en mettant d'accord trois grands maîtres, eut ſoin d'écarter toute idée de la grande diſproportion qui ſe trouve entre mes forces & un ſemblable projet. Mais il fit place bientôt à la reflexion qui me remit en mon état naturel ;

au bout de deux ou trois jours je crus pourtant pouvoir essaïer ce projet sans m'être déterminé à le suivre entierement.

Mr. Despréaux veut qu'on fasse parler les douleurs d'Oedipe tout sanglant; Mr. Corneille a jugé à propos de les retrancher, il paroît même pourquoi il l'a fait, il a craint que le tout sanglant de Mr. Despréaux, qui est aussi de Sophocle, n'offensât la délicatesse de nos Dames. Mr. Boivin demande pourquoi on les a entierement supprimées; il dit entierement, en effet il y en a quelques-unes qu'il ne prend pas également sous sa protection; celles entr'autres qui sont sur le compte d'Antigone & d'Ismene Princesses filles d'Oedipe, qui seront obligées de vivre dans le celibat, & qui seront privées du plaisir des spectacles, qui sont, dit-il, de la paternité, & sur tout de la paternité greque, ne paroissent pas lui être précieuses autant que les premieres.

Enfin peu à peu je prens la résolution de faire une nouvelle Tragedie sur les malheurs d'Oedipe, où j'emploïe le cinquiéme Acte de l'Oedipe de Sophocle autant que j'ai pu le faire, & avec très peu de changemens que je n'ai pu éviter par raport à mon sujet. Je me rends maître de mes propres sentimens; un guide comme

Mr. Boivin les fortifie, & met selon moi mon cinquiéme Acte à couvert de toute censure, sur-tout de la part des vrais connoisseurs ou de ceux qui cherchent à paroître tels. Quand mes idées là-dessus seroient peu justes, j'aurai toujours trouvé une occasion une fois en ma vie de marquer le respect que j'avois pour M. Boivin qui m'avoit toujours fait l'honneur de m'aimer.

Il faut maintenant éclaircir ce moyen suffisant selon moi pour venir à bout de mon dessein. Sophocle me l'a fourni dans les mêmes lamentations d'Oedipe : Les Rois en Grece ne portoient point d'armes, cette remarque est du Pere Fohard & est très juste ; & c'est sur cet usage qu'est fondé l'excès auquel Oedipe se porte de se crever les yeux. Il se fait tout le mal qu'il peut, n'aïant pas le moyen de se faire tout celui qu'il veut : Ceux qui changent le genre de mort de Jocaste, & qui lui donnent un poignard pour se tuer, ne prennent pas garde que c'est le donner en même tems à Oedipe, qui en ce cas a grand tort de ne s'en servir qu'à s'arracher les yeux.

Oedipe dit dans ses plaintes, après l'aveu public d'un opprobre si honteux, j'aurois pû d'un regard fixe & assuré voir cette troupe de Thebains qui m'environnent? Non, non, &, s'il avoit été aussi facile d'ôter à ce miserable corps l'usage de l'oüie, je ne me serois pas dispensé de lui fermer encore cette communication avec les choses sensibles. Heureuse l'ame tellement renfermée dans sa demeure, qu'elle y soit hors d'atteinte & inaccessible à tous les maux! Ce que dit là Oedipe sur la privation de l'oüie, ne vient que du désordre & du trouble qui lui restoit en ce moment, & nullement du noble & juste désespoir, où il étoit, lorsqu'il s'arracha les yeux; que veut dire sa proposition? Heureuse l'ame tellement renfermée en sa demeure, qu'elle y soit hors d'atteinte, & inaccessible à tous les maux! comment la sienne pouvoit-elle jamais esperer cet état, je ne dis pas heureux, mais tranquile? Pour ne rien voir & ne rien entendre, auroit-elle moins senti ses remords, ses regrets pour ses crimes? Mais sans trop examiner cet article, il nous rend certains dumoins qu'Oedipe n'aïant point eu d'instrument suffisant pour se priver de l'usage de l'oüie, n'avoit pas été le maître de s'ôter la vie. Quelques ornemens qui servoient à la parure de Jocaste étoient assez forts pour crever ses yeux, & ne pouvoient rien de plus.

Pour satisfaire Mr. Boivin, éviter ce que

condamne Mr. Corneille, & faire ſuivant Mr. Deſpréaux parler les douleurs d'Oedipe, j'ai donc mis ce Prince ſans armes, qui éclairci de ſes crimes par Tireſie (ce qui ſe commence chez le grand Prêtre) revient chez lui avec cet Interprete d'Apollon, le charge d'aller avertir la Reine & l'inſtruire de leurs infortunes communes, & va pendant ce tems-là trouver le nouveau Roi de Corinthe qu'il avoit fait arrêter dans le ſecond Acte. Il revient au lieu de la ſcene accompagné d'Armidas Corinthien, & de Dymas ſon Capitaine des Gardes, qu'il avoit commis à la garde du Roi de Corinthe; il demande Jocaſte avec de grands cris, de grands mouvemens d'impatience, trouve une porte qui conduit à l'appartement de la Reine, l'enfonce, & voit Jocaſte morte percée d'un coup de poignard: Une horreur invincible le fait reculer quelques pas; il demande ce poignard dont Jocaſte s'eſt frapée; Armidas & Dymas ne s'empreſſant point de le contenter, je place ici ſes lamentations qui ne finiſſent que lorſqu'il plaît à Apollon de ſecourir ce malheureux Prince en lui envoïant par Tireſie un poignard: Ce Roi déplorable en le prenant dit avec une joïe mêlée d'horreur:

Grace unique que j'eus jamais de ce grand Dieu,
Preſent de ſa bonté! mes chers enfans, adieu.

J'ai copié autant que j'ai pu & presque mot à mot Sophocle ou la traduction de Mr. Boivin dans les lamentations d'Oedipe. J'ai mis dans le cours de ma piece plusieurs traits de cet Auteur grec qui regardent Oedipe & Jocaste.

La façon dont j'ai suivi mon sujet a souffert que je n'aie emploïé qu'en partie la seconde Scene du second Acte de Sophocle, où est l'entretien entre Oedipe & Tiresie, & que j'aie laissé la quatriéme Scene du troisiéme Acte entre Oedipe & Jocaste. Un moderne a encheri de beaucoup sur les beautez de Sophocle dans ces deux Scenes : Il m'eût été difficile de l'égaler. D'ailleurs Mr. Boivin admet ici une objection qu'il traite de considerable. Il semble que Tiresie a suffisamment éclairci quel est l'assassin de Laïus, & même qui fut le pere d'Oedipe, si ce dernier avoit voulu l'écouter ; voila donc la piece finie. Mais il excuse l'Auteur qu'il traduit, & dit qu'Oedipe avoit de bonnes raisons pour le récuser, que le coeur & le Spectateur toujours favorables à l'innocence & à la vertu doivent approuver.

Il y a des traits dans cette Préface qui devroient être en lettres italiques, le Lecteur y suppléra.

OEDIPE

ŒDIPE
ET
POLIBE,
TRAGEDIE.

ŒDIPE

ET

TOUTE SA FAMILLE.

TRAGEDIE.

ACTEURS.

OEDIPE, Roy de Thebe.

JOCASTE, Reine épouse d'Oedipe.

ETHEOCLE, } Princes fils
POLINICE, } d'Oedipe.

ANTIGONE, } Princesses filles
ISMENE, } d'Oedipe.

FENAMIS, Prince du sang de Corinthe.

TIRESIE, Grand Prêtre.

DIMAS, Capitaine des Gardes d'Oedipe.

POLISIPE, } Ambassadeurs de
ARMIDAS, } Corinthe.

NEBIS, } Officiers de la Cour.
LICAS, }

Un GARDE.

La Scene est à Thebes dans le Palais du Roy.

OEDIPE ET TOUTE SA FAMILLE.

ACTE PREMIER.

SCENE PREMIERE.

OEDIPE, TIRESIE.

OEDIPE.

OUI, je vous ai mandé, quoiqu'en une heure indüe.
Le peril le plus grand se presente à ma vûë :
Que dis-je ! ce malheur est déja trop certain ;
Le Sort du sang Roïal vient d'annoncer sa fin.

TIRESIE.

Quoi ! Seigneur.

OEDIPE.

Cette nuit, separé de la Reine ;
Par une vision étonnante & soudaine,

Que le Destin lui-méme a voulu m'envoïer . . . . .
Dans quel abime, ô Ciel ! les miens vont se noïer !
Jocaste, entre vos fils seroit-il un perfide ?
Elle est mere, a-t'on dit, d'un lâche parricide :
Ce meurtrier cruel lui donnera la mort . . . .
Où me réduisez-vous, impitoïable Sort !
Si l'un de mes enfans doit immoler sa mere,
Il eût fallu dumoins le nommer à son pere.
Pourra-t'il sans cela prévenir la fureur
De qui doit de ce meurtre être aujourd'hui l'au-
(teur ?
Etheocle est absent, Etheocle à Corinthe
Sur Polinice seul rejetteroit ma crainte !
Sur Polinice ! Ciel ! oseroit-on jamais
A ce Prince imputer le moindre des forfaits ?
Cependant aujourd'hui ce meurtre doit se faire.
Apollon me l'apprend, & parle sans mistere.
Que vois-je ! pour mes fils je perce l'avenir,
Et le jour n'est pas loin qui les verra perir.
Ces freres forcenez s'arracheront la vie.
Destin insatiable ! arrête ta furie.
Antigone, ma fille, ah ! que devenez-vous ?
Un barbare vous ôte à son fils, votre époux.
Par un genre de mort indigne, inconcevable . . . . .
Arrête encor un coup, Destin insatiable.
Si rien de toi pour nous ne peut être suspect,
Affranchi moi du joug où me tient mon respect,
Que toutes ces horreurs que m'annonce ta rage,
Ne pouvant desormais effraïer mon courage,
Je brave ta fureur, j'oppose mon pouvoir
A tout ce que d'injuste ici tu nous fais voir.
Quoi ! mes fils oseront se disputer le Trône !
L'un viendra pour ravir à l'autre la Couronne.
Lassez de vingt combats, qui n'auront pû servir
Qu'à croitre leurs transports, loin de les réunir,
Mais voulant terminer les publiques allarmes,
Ils remettront tous deux leur vie au sort des ar-
(mes,

Tous deux ils périront. Créon leur fucceffeur
Des honneurs du tombeau privora l'agreffeur.
Antigone fa fœur, qui faintement murmure
De voir fon frere ainfi privé de fépulture,
Dans le même tombeau, qu'elle lui creufera,
Vive, pour y mourir Créon l'enfermera.
Je n'ai rien fçu d'Ifmene, & de fa deftinée.
Je ne fçai fi la mienne eft auffi condamnée.
On ne m'en a rien dit. Que vais-je devenir ?
Je ne le vois que trop : Je dois bientôt perir.
Mes fils de mon vivant ufurpateurs perfides !
Ils ne le feront point fans être parricides.
Ah fang infortuné ! que dois-je, dites-moi,
Ajouter à ceci de croïance & de foi ?

TIRESIE.

Seigneur, vous me mandez pour vous parler fans
(feindre,
Et fans vous Apollon auroit fçu m'y contraindre.
Le Ciel n'eft irrité, que par nos longs refus
D'obéir à fes loix, & de venger Laïus.
Grand Roi, genereux Prince, helas ! notre Patrie
Sous les maux les plus grands languit enfevelie :
Thebe ne fçauroit plus fupporter la rigueur
Des tourmens, dont l'afflige un Dieu toujours ven-
(geur:
Je vous en ferois voir toute la violence ;
Mais vous les partagez, Seigneur, votre clemence,
Votre bonté pour nous, & ce digne retour,
Dont vous reconnoiffez nos refpects, notre amour,
Font, que nous vous voïons comme un Roi feul
(capable
De s'oppofer aux traits, dont le Sort nous accable.
C'eft vous dont l'arrivée en ces lieux éperdus
Sçut affranchir du Sphinx les enfans de Cadmus,
Dont l'efprit éclairé par la fageffe même,
De fauver tout un peuple eut la gloire fuprême.
Ciel ! que ce Roi, de Thebe autrefois Protecteur,
Soit encor aujourd'hui notre Liberateur.

Sauvez-vous, sauvez-nous par un soin légitime :
Vous nous avez jadis tirez tous de l'abîme ;
Continuez, Seigneur. Que Thebe puisse en paix
Joüir tranquillement de vos premiers bienfaits.
Voulez-vous, de ces biens, qui firent votre gloire,
Qu'à force de tourmens on perde la memoire ?
Vous êtes le plus grand des humains & des Rois;
Avec tranquillité faites fleurir vos loix.
Vous pouvez aujourd'hui ce qu'autrefois vous pûtes :
Soïez donc aujourd'hui ce qu'autrefois vous fûtes.
Puisqu'enfin vous avez à regner en ces lieux,
Ne vous sera-t'il pas plus doux, plus glorieux
De chercher du remede à l'état où nous sommes,
D'avoir à commander à des sujets, des hommes,
Que de voir une Ville, un Roïaume desert ?
Laïus est sans vengeance ; ah ! ce retard nous perd.

OEDIPE.

Contre vos longs malheurs vous implorez mon aide :
Donnez-m'en les moïens, donnez-m'en le remede.
Laïus est mort. Ce fait, ce qu'on en dit ici,
Trop étranger pour moi, ne fut point éclairci.
Comment d'un crime obscur, d'une mort si fatale,
Puis-je déveloper aujourd'hui le Dedale ?
D'en découvrir l'auteur donnez-moi les moïens.
Mais je suis à present l'un de vos Citoïens :
Je regne ici ; voici tout ce que je puis faire
Pour obéïr aux Dieux, & calmer leur colere,
Eh bien, j'ordonne donc, (Grand Prêtre, écoutez-moi,
Et publiez partout cette nouvelle loi.)
Thebains, qui de Laïus demandez la vengeance,
Si des faits de sa mort vous eutes connoissance,
Je vous ordonne à tous de me les déclarer :
Si le coupable craint de se voir déferer,
D'un juste délateur prévenant la poursuite,
Qu'il parle, & pour l'exil ma clémence l'en quitte :

Si c'est un Etranger, mais d'un Thebain connu,
Si ce Thebain de peur pour l'autre prévenu
Vouloit taire l'auteur de ce meurtre effroïable,
Tout aussi criminel, que l'est le vrai coupable,
Qu'il s'attende de voir les hommes & les Dieux
Le poursuivre partout comme un monstre odieux:
Que pas un habitant de Thebe ou de l'Empire
Ne souffre près de lui que ce monstre respire:
Privé de tous égards de la societé,
Qu'il soit toujours haï, méprisé, détesté,
Rejetté comme un traitre, ou comme une soüillure
Qui rend nos maux plus grands, & notre vie im-
(pure.
Ce que je dis, le Dieu lui-même me l'a dit.
Apollon avec moi, Thebains, vous le prescrit.
Mais ce n'est point assez contre cet homicide:
J'invoque tous les Dieux vengeurs du parricide,
Soit lors de cette mort qu'il eut quelques amis,
Ou, seul, de son secret que l'on n'ait rien appris:
Puisse de ce cruel la miserable vie
A toutes les horreurs toujours être asservie.
Moi-même près de moi s'il avoit quelqu'accès,
Que de son souffle infame il soüillât mon Palais,
Que je le sçusse enfin, & que je le souffrisse,
Par les mêmes horreurs que le Ciel me punisse.
Vous avez entendu ce qu'a dit votre Roi:
Thebains, obéissez, marquez-lui votre foi:
Secondez tous mon zele; oüi, je vous en conjure
En mon nom, par les Dieux, & par tout ce qu'en-
(dure
Par nos maux, par la peste, & la stérilité
Thebe, & tout ce Païs bientôt inhabité.
Quand des Dieux irritez, de nos maux l'assemblage,
Nos funestes malheurs ne seroient pas l'ouvrage,
Devriez vous laisser sans vengeance Laïus,
Lui, qui vous fut si cher, si grand par ses vertus?
Mais c'est l'ordre des Dieux que je dicte moi-même:
Je tiens ici son rang, & j'ai son Diadême;

J'entrai dedans son lit, & je regne après lui.
Son épouse autrefois est la mienne aujourd'hui.
Ses enfans & les miens, si n'eût peri sa race,
Auroient les mêmes droits sur cette illustre place :
Mais sa race a peri, mais son fils ne vit plus.
Grand Prêtre, chers Thebains, il faut venger (Laïus ;
Suivez tous mon exemple, ou craignez les ven- (geances,
Si vous le refusez, des celestes Puissances.
Grand Prêtre, vous voïez ma disposition,
Mon respect pour les Dieux, & ma soumission.
Qu'ils daignent tous aider au projet legitime,
Que forme une vengeance & juste & magnanime,
Et détournent surtout les maux qu'ils ont predits
A mes filles, leur mere, & mes malheureux fils.
Aux pieds de ses Autels, allez, Grand Tiresie,
Invoquer Apollon, apaiser sa furie.
Priez-le d'indiquer l'Assassin & les lieux
Qui cachent à mon bras ce monstre furieux.
Je vais calmer le trouble où les miens pourroient (être
D'avoir vu cette nuit près de moi le Grand Prêtre.

SCENE II.

JOCASTE, TIRESIE.

JOCASTE.

ARRETEZ, Tiresie ; écoutez un moment ;
Le Roi vous mande ici la nuit ! Apparemment
Il sçait tous les malheurs dont le Sort le menace.
Vous en a-t'il parlé ? Répondez-moi de grace.

TIRESIE.

Il m'a parlé de ceux qui ne touchent que vous.
Il en parle, Madame, en sage & tendre époux.

JOCASTE.

Quoi donc! près de tomber dans un affreux abi-
(me,
OEdipe voudroit-il faire à Jocaste un crime
D'être mere d'Ismene, & d'avoir mis au jour
Un monstre, gage affreux de notre tendre amour?
Helas, me croira-t'on! cette nuit je l'ai vûë,
Un poignard à la main elle m'est apparuë.
Grands Dieux, que j'ai souffert! le charme du som-
(meil
N'affoiblit point l'horreur d'un spectacle pareil.
Que n'ai-je point tenté pour pouvoir m'en défen-
(dre?
Tous efforts superflus; il a fallu l'entendre.
Vois, dit-elle, ce fer teint d'un sang odieux:
Tes forfaits sont punis, & j'ai vengé les Dieux.
Mon courage indigné du nœud qui vous assemble,
Toi, qui peux être dite ayeule & mere ensemble
De tes propres enfans, épouse de ton fils,
OEdipe ne vit plus, réveille-toi, je suis.
J'allois prendre le ton & de Reine & de mere:
Je voulois lui parler; mais je n'ai pu le faire;
Mais elle m'arrêtant d'un air imperieux
Fuit, me livre à l'effroi que je montre à vos yeux.
Du fils du grand Laïus ignores-tu l'histoire,
Ismene? Fille aveugle, en perds-tu la memoire?
Pour mon fils au berceau l'on predit des fureurs,
Qui quoique loin encor m'emplissent de terreurs.
Je ne sçaurois souffrir qu'une honteuse crainte
Dans l'ame d'un époux imprime son atteinte.
Je prends donc mon parti sans horreur, sans trem-
(bler:
Je condamne mon fils, & le fais immoler.
Crois-tu que te voïant près de tout entreprendre
Contre un second époux, je n'ose le défendre,
Monstre, contre ton pere ... Ah je dois le sauver;
Oüi, ta soudaine mort pourra le conserver.
Tiresie, aidez-moi, parlez, que dois-je faire?

TIRESIE.

Reine, vous l'ordonnez, il faut vous satisfaire :
Laïus n'est point vengé. Ne cherchez point ailleurs
D'où peuvent provenir nos maux & vos douleurs.
Toute calamité vient de ce seul principe.
Si le Ciel vous recherche, épargne-t'il Oedipe ?
Dans mille ennuis mortels ce Roi se voit plongé ;
Sa justice prescrit que Laïus soit vengé.
Joignez vos soins, Madame, aux soins de ce Mo-
(narque,
De vos bontez enfin donnez-nous cette marque.
L'unanime concours pour les ordres des Dieux
Trouve près leur clemence un accueil gracieux.
Joignez-vous donc à nous, ranimez votre zele....

JOCASTE.

Ismene, selon vous, n'est donc point criminelle !
Ah ! craignez, me laissant en ce doute importun,
Que je n'aie à venger deux époux aulieu d'un.
Quoi, lorsque de Laïus on prescrit la vengeance,
Que peut-on exiger de mon obéissance ?
Votre Apollon jamais voulut-il m'enseigner
Où trouver l'Assassin, qu'il falloit condamner ?
Mais ici le Destin d'autre façon s'explique.
Ismene ce fléau, ce monstre domestique,
Que peut savoriser Fenamis son amant,
Ne peut être assez-tôt soumise au châtiment.

TIRESIE.

Vengeons Laïus, Madame. A ce soin nécessaire,
Avant qu'en prendre un autre il faut que l'on défere.
Si nous vengeons Laïus, le Ciel est satisfait,
Et ce que vous craignez doit être sans effet.
Du Roi, sur ses terreurs daignez suivre l'exemple.
Par son ordre je vais retourner dans le Temple
Consulter Apollon, & je reviens dabord
Vous dire à tous les deux les volontez du Sort.

JOCASTE.

Les volontez du Sort ! je sçais quelle est la mienne,
Et ne puis négliger ses avis sur Ismene.

SCENE III.

JOCASTE *seule.*

MAis puisqu'il faut attendre, avant que la punir,
Découvrons quel espoir son ame peut nourrir.
Qu'on apelle Antigone. Ismene voit ses charmes
Soumettre Fenamis au pouvoir de leurs armes.
Mais quels grands interêts peuvent donc la forcer
Aux crimes, que le Sort a voulu m'annoncer?
Ce Prince, Fenamis est du sang de Corinthe,
Par où lui peut Oedipe inspirer quelque crainte?
Tous deux sont, il est vrai, formez du même sang:
Le seul fils de Polibe a des droits sur son rang.
Pour l'un de ses deux fils lorsqu'Oedipe les cede,
Qu'il veut, aulieu de lui qu'Etheocle y succede,
Que ce Prince à Corinthe attend ce rang promis,
Que pourroit en ces lieux esperer Fenamis?

SCENE IV.

JOCASTE, ANTIGONE.

JOCASTE.

ANtigone, aprochez. J'étois de vous en peine:
Eclaircissons un fait. J'ai doute sur Ismene.
Je crains que Fenamis, qui nousparoit l'aimer
Dans d'indignes projets n'ose la confirmer.

Mes soupçons, croïez-moi, n'ont rien de teme-
(raire.
Avec sincerité parlez à votre mere.

ANTIGONE.

J'atteste mon amour pour vous & mon respect;
Mais rien d'eux jusqu'ici ne m'a paru suspect.

JOCASTE.

Tout me l'est de leur part, Princesse, ou me doit
(l'être,
Je n'en sçais point assez pour me venger d'un trai-
(tre;
Mais j'en sçais trop aussi pour pouvoir me fier
A qui peut-être est prét de nous sacrifier.

ANTIGONE.

Madame, se peut-il que Fenamis perfide....

JOCASTE.

Sçachez plus: Votre sœur médite un parricide.
Une Princesse illustre & sage comme vous
Aura peine en Ismene à soupçonner ces coups.
Mais je prétend qu'avant qu'en prendre la ven-
(geance,
La preuve du forfait soit mise en évidence.
Vous pouvez me servir en ce juste dessein.
Fenamis aime Ismene, & veut avoir sa main:
Et moi-même pour lui je l'avois destinée.
Mais je change d'avis; vous étes son aînée:
Sur ce prétexte là je vais en ce moment,
Proposer votre hymen à ce cruel amant.

ANTIGONE.

Quoi, vous voulez qu'Hemon....

JOCASTE.

Ceci n'est qu'une feinte,
Qui, par ce qu'elle aura d'ennuis & de contrainte,
Pourra porter Ismene aux plus tristes excès,
Qui pourront nous servir à sçavoir ses forfaits.
Donnez-moi cette joie, allons, & qu'Antigone
Aide à guerir la peur que le Destin me donne.

ACTE II.

SCENE PREMIERE.

ETHEOCLE, POLINICE.

ETHEOCLE.

CALMEZ votre surprise. Oui, mon frere, c'est moi.
Mais Polinice, avant que de parler au Roi,
Venez & me montrez l'ennemi qui m'amene :
Que je perce à vos yeux l'injuste amant d'Ismene.

POLINICE.

Seigneur.....

ETHEOCLE.

Polibe est mort, (il doit l'être à present)
Je ne sçais quel demon l'inspiroit en mourant :
Mais je me vois déchu de mes droits sur son Trône,
Et c'est à Fenamis que ce Prince le donne.
Fenamis mon sujet, il est vrai de mon sang,
Est celui qu'on choisit pour usurper mon rang:
Ce n'est que par sa mort & soudaine & cruelle
Que je puis réparer cette injure mortelle.
Ne perdons point de tems : Venez, & ...

POLINICE.

Quoi ! Seigneur...;

ETHEOCLE.

Montrez-moi Fenamis, que, lui perçant le cœur,

De son front à l'instant j'arrache une Couronne
Que notre injuste ayeul me ravit & lui donne.

POLINICE.

Daignez donc m'éclaircir d'où vient ce change-
(ment.

ETHEOCLE.

Depuis près de deux mois j'attendois le moment,
Où la mort de Polibe, à present arrivée,
Eût au suprême rang mon attente élevée :
Mais allant voir mon pere & lui rendre des soins,
Qu'aprens-je ! des malheurs sçus par mille témoins.
De la chambre du Roi l'on m'interdit l'entrée ;
On dit que sa santé semble s'être alterée
Par les peines, les soins qu'il a pris ce matin
Pour disposer du Trône, & m'en exclure ; enfin
Que Fenamis est Roi. Jugez quelle est ma rage.
J'examine l'affaire, & sondant mon courage,
Je ne vois de secours propre à me soulager,
Que celui de venir en ces lieux me venger.
Mon frere, en ce moment si ce traître ne meure,
Nous le voudrons envain peut-être dans une heu-
(re.
Voïez donc là-dessus quels sont vos interêts.
Qu'Oedipe le remette à ses nouveaux sujets,
Que je perde Corinthe & sois sans esperance
D'un Trône que j'avois acquis par ma naissance,
Il faudra que celui de Thebe soit à moi.
Prince, songez-y donc : Mais vous n'êtes plus Roi.
J'aurois un vrai dépit de voir sans Diadême
Un frere, un Prince ami, que j'estime, que j'aime.

POLINICE.

Vous m'honorez beaucoup. Mais est-il question,
Seigneur, de ce trait-ci de notre ambition ?
Thebe doit être à moi ; tant que regne mon pe-
(re,
Ce débat entre nous seroit une chimere ;
Mais tant qu'il vit aussi, je ne puis que blâmer
Cette ardeur dont je vois votre cœur s'animer.

ETHEOCLE.

Eh quoi ! faut-il qu'avec une si juste cause,
On ne m'écoute pas, lorsque je la propose ?
Que viens-je faire ici ? Qui suis-je donc, Seigneur ?
Oedipe me choisit, nomma son Successeur,
Et je dûs à Corinthe avoir son Diadême.
Ignorez-vous ces faits ? ma surprise est extréme.
Ah, ne me croïez pas braver impunément ;
Prince, vous répondrez de cet évenement.
En cherchant Fenamis je ne cherche qu'un traître
C'est un usurpateur que veut punir son Maître.
Prince, ignoreriez-vous les droits des Souverains,
Ceux d'ami, ceux de frere ? Il est entre vos mains ;
Il faut qu'on me le livre, ou je puis sans votre ai-
(de
Trouver à vos refus un prompt & sûr remede.
Je vais....

POLINICE.

Je vois le Roi, Fenamis avec lui.

SCENE II.

OEDIPE, ETHEOCLE, POLINICE, FENAMIS, Suite.

ETHEOCLE.

AH! traitre, de ma main tu mourras aujourd'hui.
Trop perfide ennemi...

OEDIPE.

Quoi même en ma presence !

ETHEOCLE.

Je ne puis assez-tôt achever ma vengeance.

OEDIPE.

Quel est donc ce transport qui vous enflamme
(ainsi,
Etheocle ? Ou plûtôt que faites-vous ici ?

ETHEOCLE.

Je cherche Fenamis. J'ai le pouvoir suprême,
Et viens venger sur lui les droits du Diadéme.
Polibe est mort ; du Trône excluant votre fils,
Ce Prince pour regner a choisi Fenamis :
Lâche, tu vis encor.

FENAMIS.

Il m'a rendu justice,
Et vous n'en montrez point par un pareil caprice.
Vous Seigneur, qui sçavez les égards dûs aux Rois ;
Imposez-lui respect & silence à sa voix.

OEDIPE.

Il t'a rendu justice ?

FENAMIS.

Il a dû me la rendre.
Déja depuis longtems je ne pouvois comprendre
Les secrettes raisons qui l'avoient retenu.
Lorsqu'il me rend le Trône, aprenez qu'il m'est dû.

OEDIPE.

Ainsi tes droits ne sont qu'en l'appas qui te guide.
Peux-tu devant son fils parler ainsi, perfide ?

FENAMIS.

Seigneur !

OEDIPE.

Tu veux qu'on ait tous les égards pour toi
Que veut le rang suprême, & que demande un Roi.
L'es-tu ?

FENAMIS.

Je ne le sçais encor que par ce Prince.
Polibe,& tous les droits que j'eus sur sa Province....

ETHEOCLE.

Polibe t'a nommé Roi des Corinthiens.
Quel droit ce Prince eût-il de t'asservir les miens ?
Depuis près de trois ans que j'étois dans Corinthe,
Aurois-je dû prévoir.... Mais c'est trop de con-
(trainte.
Seigneur, livrez ce traitre, il m'enleve mon rang,
Qu'à l'instant à vos yeux je lui perce le flanc.

Déja

Déja sans Polinice il eût porté la peine
Que merite....

FENAMIS.

Arrêtez. Quel transport vous entraîne ?
Je ne suis point un traître ; Ah ! l'on me connoît
(mieux.
Laissez, Prince, laissez ces mots injurieux.
S'il suffisoit ici, Prince, pour vous confondre,
De vous montrer mes droits, j'aurois de quoi ré-
(pondre.
Mais j'attendrai les miens avant que d'éclaircir
Un fait, dont vous aurez tous peut-être à rougir.
Quelque fois on n'est pas tout ce qu'on se croit
(être :
Tel parle fierement, tel ose agir en Maître,
Qui remis en l'état dont il étoit sorti,
D'un fol & vain orgueil souvent s'est repenti.
Mais enfin je suis Roi, vous avoüez vous-même
Que Polibe en mourant me laisse un Diadême,
Et pour vous, soit avant, soit après son trépas,
J'ai sçu toujours assez que vous ne l'aurez pas.
Cependant pour calmer votre ardeur indiscrete,
Je consens entre nous égalité parfaite.
Attendant les decrets de Polibe mourant,
Et les ordres derniers de ce Roi mon parent.
Prince, vous m'outragez, & si votre colere
Contre moi garde encor un soupçon temeraire,
Laissons là tous nos droits, suivons notre courroux,
Et qu'un combat nous regle & décide entre nous.

POLINICE.

Oüi. Ce n'est point au Roi, ce n'est point à mon
(frere,
C'est à moi de combattre, & de vous satisfaire,
Ou bien de nous venger de ces mots insolens,
Qu'ont pû vous arracher des transports violens.

OEDIPE.

Polinice, arrêtez. Avant que je décide
S'il le faut écouter, ou s'il n'est qu'un perfide,

J'attendrai que Corinthe ait envoïé vers moi
Eclaircir ce mystere, & demander son Roi.
Vous cependant, Dimas, gardez ce Prince à vûë.

ETHEOCLE.

Vous voulez....

OEDIPE.

Faites voir un peu de retenuë.
J'ai le même interêt en tout ceci que vous,
Et ce terrible affront se partage entre nous.
Suivez-moi l'un & l'autre.

FENAMIS.

Ah! Prince, que ta haine.
Quand tu seras instruit... Mais j'aperçois Ismene.

SCENE III.

ISMENE, FENAMIS, DIMAS.

ISMENE.

QU'AI-JE entendu, Seigneur? On vous ose arrêter.

FENAMIS.

Vous n'avez rien, Madame, encor à redouter,
Et, quoique dans les fers, moi, je n'ai rien à craindre:
En son aveuglement Oedipe est seul à plaindre.
Enfin l'instant fatal, Madame, est arrivé,
Où, près d'avoir un bien qui m'étoit réservé,
Je vais mettre à vos pieds une grande Couronne,
Que Polibe, Corinthe, & que le sang me donne.
Etheocle a long-tems crû pouvoir y regner.
Voudriez-vous un peu, Dimas, vous éloigner:
Je voudrois en secret parler à la Princesse;
Je crois que mes discours n'auront rien qui vous blesse.

Polibe enfin, rendant le Trône à Fenamis,
A fait voir à sa mort qu'il n'avoit point de fils.
Je le sçavois, Madame, & tout jeune à Corin-
(the,
Je voïois que chacun s'étonnoit d'une feinte,
Dont personne n'osoit demander le sujet :
Polibe crut devoir garder ce grand secret.
Par ce que je vous dis, je le vois bien, Madame,
Des desirs curieux s'emparent de votre ame.
Vous voudriez, d'Oedipe aprenant les auteurs,
Sçavoir comme Etheocle exprime ses douleurs.
Mais j'ignore les uns, & vous voïez l'outrage
Qu'Oedipe a sçu pour l'autre opposer à sa rage.

ISMENE.

Quoi! Seigneur, il se peût que Polibe & le Roi
Par les liens du sang....

FENAMIS.

Vous l'auriez sçu de moi,
Si dans vos entretiens donnez à ma tendresse
Je n'avois craint par là d'effraïer ma Princesse,
Si, certain de pouvoir vous couronner un jour,
Mon cœur n'eût pas voulu tenir tout de l'amour.
Mais charmez du bonheur que le Ciel nous envoïe,
Craignons qu'un autre soin traverse notre joïe;
Les Députez des miens vont arriver ici;
Mon sort sera par eux aussi-tôt éclairci.

ISMENE.

Eh, ne craignez-vous point qu'Etheocle & mon
(pere....

FENAMIS.

Un premier mouvement produit par la colere
Tirannise les cœurs, les pousse à des excès,
Que la réflexion calme & détruit après.
Quand Oedipe & son fils braveroient toute crain-
(te,
J'aurois pour moi l'appui des miens & de Corinthe,
Et de leur procedé l'Univers averti
Viendroit me seconder & prendre mon parti.

ISMENE.

Ah! Seigneur, je ne sçai, malgré ce que vous dites,
Qui rend mon esperance & ma joïe interdites.
Ethcocle, Seigneur, vous est-il bien connu?
Par Oedipe jamais sera-t-il retenu?
Ethcocle est il homme à se vaincre soi-même?
Pourra-t'il renoncer sans rage au Diadême,
Au Sceptre de Corinthe, à ce suprême rang,
Qu'il crut tenir d'un pere & des droits de son sang?
Ah! Seigneur, ces secours, que vous pourriez (attendre,
Seroient-ils assez-tôt venus pour vous défendre?
Seigneur, c'est à moi seule, en ce peril pressant,
A prendre un soin pour vous tendre, reconnoissant.
Le Ciel est irrité, cedez à sa poursuite:
De votre sort ici laissez-moi la conduite.
Au nom des Dieux, comptez sur mon empressement,
Que Dimas vous remene en votre appartement.
J'irai trouver la Reine, & lui dire....

FENAMIS.

Ah! Madame,
Quelque soit ce soupçon où se livre votre ame,
Oedipe est trop instruit de ce qu'on doit aux Rois
Pour craindre....

ISMENE.

Allez, Seigneur.

FENAMIS.

J'obeïs à vos loix.

ISMENE.

Ah! Prince, que je crains que mon injuste frere....

SCENE IV.

JOCASTE, ISMENE, Suite.

JOCASTE.

VOus êtes en ces lieux ! que venez-vous y
faire ?

ISMENE.

Madame, je voulois consoler Fenamis.
Sçavez-vous ses malheurs, sçavez-vous de quel
(prix
On reconnoît ici les bontez d'un Monarque,
Qui nous veut....

JOCASTE.

Fenamis l'est-il ? par quelle marque
S'est-il donc fait pour tel reconnoître par vous ?
C'est sans doute à ce prix qu'il sera votre époux.
Mais aprenez de moi, mon devoir vous l'annonce,
Qu'il faut que pour jamais votre cœur y renonce.

ISMENE.

Que dites-vous, Madame ? Y renoncer, qui, moi !
Pretendez-vous lui faire un crime d'être Roi ?

JOCASTE.

Non, non. Cette défense a quelqu'autre principe.
S'il doit regner, ou non, ce soin regarde Oedipe ;
Mais s'il doit pour épouse avoir ma fille, ou non,
J'ai formé là-dessus ma résolution.
Fenamis m'est suspect, & je suis votre mere.

ISMENE.

Qui peut donc contre nous aigrir votre colere ?
Et par où Fenamis vous seroit-il suspect ?
L'auroit-on vu jamais vous manquer de respect ?

JOCASTE.

Entre ce Prince & vous mon soupçon se partage :
Des Dieux & du Destin ce soupçon est l'ouvrage.

ISMENE.

Helas ! en cet état où le Destin l'a mis,
En un tems, qui pour lui demande des amis,
De vos bontez pour nous je verrai qu'on le prive;
Je tiens depuis long-tems sa tendresse captive;
Je le vois accablé du plus mortel affront:
Cependant il s'aprête à couronner mon front.

JOCASTE.

Je vous l'ai déja dit, je condamne & rejette,
Le dessein de ces nœuds que votre amour projette.

ISMENE.

Ce Prince m'a fait Reine, il a reçu ma foi,
Et je dois voir en lui mon époux & mon Roi.

JOCASTE.

Il eût fallu dumoins auparavant, d'un pere
Solliciter l'aveu, celui de votre mere.

ISMENE.

Si j'ai manqué, Madame, à des formalitez,
Il n'en aura pas moins droit sur mes volontez.
Je connois mes devoirs, j'oserai le défendre,
Et malgré contre lui ce qu'on peut entreprendre,
On verra des effets de ma foi, ma vertu.

JOCASTE.

Vous me parlez ainsi ! ma fille a-t'elle pu : . . .

ISMENE.

Oüi, je suis votre fille & Reine tout ensemble,
Et je connois quel droit ce double titre assemble.
Si fille je vous dois zele, respect, amour,
Reine je me les dois à moi-même à mon tour.
Sans offenser les uns, oüi, sans blesser les vôtres,
Avec même équité je puis user des autres.
Je suis Reine, & je vois mon époux dans les fers;
Je le délivrerai des maux qu'il a soufferts.

JOCASTE.

Mais je suis votre mere, & Reine toute ensemble;
Et je connois quels droits ce double titre assemble.
Si mere je vous dois des égards, des bontez,
Reine je vous ferai suivre mes volontez.

Sans offenser les uns, oüi, sans blesser les vôtres,
Avec même équité je puis user des autres.
Monstre dénaturé, qui prépares ta main
A massacrer ton pere, à lui percer le sein;
Monstre dénaturé! car il faut que j'éclate;
Dans ce cruel dessein qu'est-ce donc qui te flatte?
Quoi, tu te fais aider d'un traître, d'un cruel?
Qui de vous d'eux lui doit donner le coup mortel?
Sera-ce Fenamis? ou bien sera-ce Ismene?
Sera-ce vous, Madame? enfin vous êtes Reine.
Mais dois-je le souffrir? Avez-vous attendu......

ISMENE.

Un reproche pareil ne me peut être dû.
Qui veut meurtrir son pere? Ah, qu'osez-vous me (dire?

JOCASTE.

Je dis ce que du Sort l'expresse loi m'inspire.

ISMENE.

C'est trop loin contre moi pousser votre chagrin,
Que de l'autoriser des ordres du Destin.
Je braverai toujours sa funeste menace,
S'il faut que des forfaits produisent ma disgrace:
Et celui-ci sur-tout, terrible à concevoir,
Vous connoissez mon cœur, n'est pas en mon pou- (voir.
Mais les essais, jadis que sur un fils vous fites,
Source affreuse pour vous de pensers illicites,
Mirent dans votre cœur telles impressions,
Prirent de si grands droits sur vos affections,
Qu'on doit peu s'étonner quand votre esprit s'em- (porte
Jusqu'à des visions de cette étrange sorte.
Qui de nous deux perdit en ce tems-là son fils?
Mais changeons de discours, rendez-moi Fenamis.
Rendez-moi mon époux, que, partant pour Co- (rinthe,
Ismene pour jamais vous délivre de crainte.
C'étoit assez d'oser traverser mon bonheur,
Sans me donner des noms qui m'accablent d'hor- (reur.

Rendez-moi mon époux : Souffrez que je vous suie,
Et que j'emporte ailleurs . . . .

JOCASTE.

Ton audace impunie !
Pour un moindre sujet Fenamis arrêté . . . .
Ah ! barbare, je vais te mettre en sûreté.
Gardes, conduisez-la.

LE GARDE.

La Princesse ?

JOCASTE.

Elle-même.

ISMENE.

Madame . . . .

JOCASTE.

Va pleurer ton infortune extrême.
Attens-toi, si le Roi consent à mon dessein,
A la mort, que merite un projet inhumain.

ISMENE.

Je vous cede, il le faut. J'obéïs sans murmure ;
Mais Fenamis un jour vengera mon injure.

JOCASTE *seule.*

Va, va, si j'en suis cruë, & Fenamis & toi,
Par une mort soudaine expirez mon effroi.
Mais quoi ! que fait Oedipe? Epargne-t'il ce traître ?
Je le vois.

SCENE V.

OEDIPE, JOCASTE, Suite.

OEDIPE.

CE matin j'ai chargé le Grand Prêtre
D'interroger ses Dieux, d'en tirer du secours
Contre tous les malheurs qui menacent nos jours.
Il ne vient point.

JOCASTE.

JOCASTE.

Seigneur, ces pieuses demandes
D'un cœur soumis aux Dieux sont de dignes offrandes;
Mais souvent leur secours tarde trop à venir,
Et le mal nous surprend, avant que le guerir.
Pour moi, quand, par le Ciel étant d'un crime instruite,
Le coupable ne peut éviter ma poursuite,
Je prens l'occasion; c'est sur ce fondement,
Qu'Ismene est retenuë en son appartement.

OEDIPE.

Ismene! de sa part, quel peril vous menace?
Mes fils seuls aujourd'hui feront votre disgrace.
La douleur que j'en ai m'afflige d'autant plus,
Que, certain de leur crime, en même-tems confus,
Je ne sçai qui des deux sera ce témeraire,
Je ne sçai qui des deux immolera sa mere.

JOCASTE.

L'un de mes fils me perdre! Ah laissons là mes fils,
Et ne redoutez rien qu'Ismene & Fenanis;
Mais souffrez-moi, Seigneur, le soin de vous défendre,
D'empêcher qu'un cruel ne cherche à vous surprendre.
Si Thebe de Jocaste admire les vertus,
Si de tout l'Univers les respects leur sont dus,
Je crois les meriter surtout par ce grand zele
Qu'eut pour ses deux époux une femme fidelle.
Laïus, jadis l'objet des vengeances du sort,
Sçut que son fils un jour lui donneroit la mort;
Hesitai-je un moment à garantir sa vie?
Par mon ordre à ce fils la lumiere ravie,
Fit voir que je croïois devoir à mon époux
Les soins qu'il me faudra prendre bien-tôt pour vous.

OEDIPE.

Dans ce trouble mortel, helas ! où je me trouve,
Quelles sont, juste Ciel, les fureurs que j'éprouve !
Mon épouse est livrée aux coups d'un de mes fils :
Isinene me poursuit, & je vois Fenamis,
Prêt à m'ôter ailleurs la suprême puissance,
Et prêt à m'arracher peut-être ma naissance.
N'esperons point, parmi tant de sujets d'hor-
(reur,
Que nous-mêmes mettions fin à notre malheur.
Madame, au nom des Dieux, allez voir Tiresie,
Ce grand Prêtre est touché des maux de la Patrie,
Il m'a promis déja, si Laïus est vengé,
Que nous verrions bien-tôt l'Empire soulagé ;
Allez donc le trouver, qu'il calme notre crainte.
On m'est allé chercher un homme de Corinthe,
Avec qui je me veux & dois entretenir.

JOCASTE.

Vous le voulez, Seigneur, je vais vous obéir.

ACTE III.

SCENE PREMIERE.

JOCASTE, ETHEOCLE, POLINICE, ANTIGONE.

JOCASTE.

VENEZ mes fils, venez Princes, vous Antigone.
Aprenez une loi, dont tout mon cœur frissonne.
Par l'ordre d'un époux j'ai consulté les Dieux.
Sçachez leur loi devant que l'offrir à ses yeux,
Et consultons ensemble en ce peril extrême,
Ce qu'on peut opposer à leur courroux suprême.
Oedipe est étonné, son esprit agité
De pensers effrayans cede à l'obscurité.
Ce n'est plus cet esprit solide, & de sagesse,
Qui de tous ses projets fit sa raison maitresse,
Et qui par le passé sçut juger du present.
Mais c'est pour qui lui parle un homme complaisant,
Si roule l'entretien sur des sujets terribles,
Un homme enfin rempli de visions horribles,
Qui de tout ce qu'il voit desesperé, confus,
Y rencontre un venin qui l'abîme encor plus.
Je n'ai pû par mes soins, ni par mes remontrances,
Calmer de son esprit ces tristes violences:

Cependant, dans l'état où nous met le Destin,
Je ne vois en ces lieux qu'Oedipe, que sa main,
Qui puisse soulager les maux de la Patrie.
Elle se ressouvient qu'elle lui doit la vie,
Quand le Sphinx apparut, que ce monstre en nos
(murs
Annonçoit aux Thebains ses oracles obscurs,
Que cette Ville entiere effrayée & tremblante
Attendoit les effets de sa rage sanglante;
Qui lui rendit alors un calme inesperé?
Oedipe, sa valeur, son esprit éclairé.
Ce qu'il psit autrefois, il peut encor le faire,
Il faut qu'on le respecte, il faut qu'on le revere,
Qu'il vive heureux, qu'en paix puissent fleurir ses
(loix,
Il sauvera l'Empire une seconde fois.
Oedipe est le nocher qui peut seul nous conduire,
Un Prince aidé des siens sauve seul son Empire,
Quand cent mille sujets s'écartant des moyens,
Que ce Prince établit pour ses fameux desseins
Ne peuvent...., Mais il vient.

SCENE II.

OEDIPE, JOCASTE, les Acteurs
de la Scene precedente.

JOCASTE.

SEIGNEUR, voici l'augure.

OEDIPE.

Promet-il du secours contre cette avanture?
Laïus sera vengé, devant que Fenamis
Puisse avoir le renom de gendre parricide.
Thebe va de Laïus voir l'assassin perfide,

T'instruire de l'horreur que tu dois à ton fils ;
Il renouvellera les plus funestes crimes.
Toi, ton fils, ton époux, en serez les victi-
(mes.

Il seroit malaisé que tant d'obscurité
Nous en laissât trouver le sens, la verité.
Des oracles du Sphinx, d'une énigme fatale
Je sçus facilement démêler le dédale.
Mais cet augure-ci, qui n'offre à nos esprits
Que d'horribles forfaits, des crimes inoüis.....
Vous devez de l'horreur à l'un de ces deux Princes,
Ces coups, qu'on vit jadis tomber sur ces Provin-
(ces,
Vont se renouveller ! Quoi ! mes fils ....

POLINICE.

Ah ! Seigneur.

ETHEOCLE.

Ce soupçon contre moi pourroit saisir un cœur !
Mais cet avis du Dieu veut que l'on l'interprete,
Voyons à penetrer sa volonté secrete.
Il faut venger Laïus, il est vrai, j'y consens,
Qu'on montre l'assassin. Des perils plus pressans
Nous doivent autrement inspirer de la crainte,
Et fixent mes pensers, mes regards sur Corinthe.

JOCASTE.

Oui, sur le fait d'Ismene & de son lâche amant
Le Destin s'ouvre à moi, s'explique clairement ;
Je réponds de ma fille, & suis assez certaine
De mettre, s'il le faut, du remede à sa haine.

SCENE III.

OEDIPE, JOCASTE, Acteurs de la Scene précedente, NEBIS.

NEBIS.

QUelques Corinthiens demandent Fenamis, Sire.

ETHEOCLE.

Souffrez, Seigneur, que j'aille . . . .

OEDIPE.

Non, mon fils.

ETHEOCLE.

Que je puisse sçavoir quel sujet les amene.

OEDIPE.

Vous comprometriez la grandeur souveraine.
Quand un Roi traite avec de perfides sujets,
Il faut qu'il ait toujours les supplices tout prêts.
Cet affront qu'on vous fait me regarde moi-même,
Je sçaurai bien sans vous venger mon Diadême.

SCENE IV.

OEDIPE, les autres, NEBIS, LICAS.

LICAS.

CEs hommes de Corinthe ont appris, qu'arrêté
Fenamis de les voir n'a pas la liberté.
Ils cherchent d'être admis aux pieds de votre Trône,
Pour y metre l'ennui que ce malheur leur donne.

OEDIPE.

Qu'ils entrent, j'y consens. Princes, retirez-vous ;
à Jocaste.
Et vous, pour quelque-tems éloignez-vous de (nous,
Vous ne feriez que nuire en ces sujets d'allarmes.

SCENE V.

OEDIPE, POLISIPE, ARMIDAS.

POLISIPE.

Voyez, Sire, à vos pieds nos respects & nos larmes.

OEDIPE.

Polibe est mort, & vous vous ne cherchez ici
Que le seul Fenamis pour en être éclairci.
Ah ! cette perfidie en vous dût-elle naître ?

POLISIPE.

Corinthe en ce moment vient de perdre son Maî- (tre,
Et nous cherchons celui qui lui doit succeder,
Autrement qu'en des fers vous l'avez dû garder.

OEDIPE.

Qui doit lui succeder ? Qui, hors moi le dût faire ?
Si Polibe a manqué de me traiter en pere ;
Si son amour pour moi s'est laissé prévenir
De dégoûts pour mon fils, a-t-il dû m'en punir ?
Et vous qui m'étalez tout ce qu'en mon absence,
D'un pere contre moi resolut l'imprudence,
Ignorez-vous qu'ici vous êtes devant moi,
Ce qu'il en peut couter à qui blesse son Roi ?

POLISIPE.

Nous venons envoyez du Peuple de Corinthe ;
Le choix qu'il fait de nous nous ôte toute crain- (te,

Et ce peuple n'attend que son Roi, pour venger
Les injustes mépris de qui l'ose outrager.

OEDIPE.

Quoi perfide, tu peux....

ARMIDAS *à Oedipe.*

à Polisipe. Un mot, Seigneur, de grace.
Pour calmer son esprit laissez-moi cette place.
Je sçai des traits de lui qui le rendront plus doux,
Et qu'il recevra mieux d'un autre que de vous.

POLISIPE.

Seigneur, permettrez-vous que ce sujet fidele,
Que ce Corinthien....

OEDIPE.

Oüi, je connois son zele.

SCENE VI.

OEDIPE, ARMIDAS.

OEDIPE.

AH! de cet entretien, Armidas, qu'attens-tu?

ARMIDAS.

L'effet le plus affreux. Mais je vous suis connu;
Et je ne doute point que mon recit sincere
Ne vous donne la mort: Mais il est necessaire.
Oedipe, frémissez par avance, tremblez
Pour les secrets qui vont vous être dévoilez.
Nous ignorons tous deux quelle est votre naissance.
Sçavez-vous qui soigna votre premiere enfance?
Sçavez-vous quel hazard m'amena dans des lieux,
Où vos pieds suspendus effraïerent mes yeux?
Je vous sauvai la vie: En vous sauvant... Peut-être
Il auroit mieux valu pour vous de ne point l'etre.
Je retourne à Corinthe, où le Roi vous reçut,
Et travaillant par vous pour son propre salut,

Du dernier de ses fils il vous mit à la place.
Par là de ses Sujets il arréta l'audace.
Ses tendres soins pour vous, sa paternelle main
Vous ont nourri long-tems en fils de Souverain.
Ah! quel plaisir c'étoit pour moi de vous voir croî-
(tre,
En état de pouvoir devenir notre Maître.
Je connoissois Polibe, & je sçavois qu'un jour,
Et malgré ses bontez, & malgré son amour,
A son vrai successeur il rendroit sa Couronne.....!

OEDIPE.

Grands Dieux!

ARMIDAS.

Calmez l'effroi que ce début vous donne,
Et préparez votre ame à des efforts nouveaux:
Jugez par ces essais du progrès de vos maux.
Enfin parut le jour, que pour votre retraite
M'annonça du Destin la volonté secrete.
Polibe infirme, âgé, pouvoit à tout moment,
Nommant son heritier, descendre au monument.
Je pensai qu'il falloit vous épargner la gêne
Qui suivroit d'un tel coup la disgrace soudaine.
Vous souvient-il, Seigneur, qu'un jour en un festin,
Un homme, à cet excès qu'autorisa le vin,
Osa jusque sur vous porter son arrogance,
D'un doute injurieux soüilla votre naissance?
Cet homme par mon ordre osa vous outrager.
Polibe en fut instruit, mais sans vous en venger.
Moi, je vous conseillai d'abandonner Corinthe,
D'aller vers Apollon lui porter votre plainte.

OEDIPE.

Helas! ce Dieu cruel, qu'animoit sa fureur,
Mit le comble en mon ame & de crainte & d'hor-
(reur.
Helas! loin de vouloir recevoir mes offrandes,
Sur ce doute fatal d'éclaircir mes demandes,
Mes plus profonds respects n'en eurent d'autre prix
Que celui d'un honteux & terrible mépris.

„ Abominable, impur, fors, délivre ces lieux
„ De ton funeste aspect, il est trop odieux.
„ Va, fils barbare, fui, va, cours chercher ton pere :
„ Baigne-toi dans son sang pour épouser ta mere.
Ce fut là le précis de ce fatal Oracle :
Mais ce ne fut point là que finit ce spectacle.
J'apprens donc qu'un hymen épouvantable, affreux,
Dans peu me donneroit des enfans malheureux,
Enfans, dont l'Univers détesteroit la vûë,
Que j'aurois une épouse en ma mere éperduë,
Et que du sang d'un pere encor tout dégoutant
Dans son lit nuptial j'entrerois triomphant.
Ah! quel amas d'horreurs sur moi le Ciel assemble!
Pere de mes enfans & frere tout ensemble,
Fils de ma femme, époux de ma mere, maudit,
Parricide, & soüillant de mon pere le lit.
Je sortis transporté. Mais cependant confuse
Mon ame en tout ceci n'admettoit point de ruse.
Quelque fois d'Apollon méprisant le sçavoir
Je voulois le braver & son fatal pouvoir.
Mais d'autres fois honteux, & cedant à ma crainte,
Ma resolution me bannit de Corinthe.
Je jurai qu'en ces lieux qui me furent si chers,
Plûtôt que retourner je choisirois des fers.
Enfin non, pour montrer du respect pour l'augure,
Mais mettre en sureté les droits de la nature,
(Ce fut là mon premier ou mon unique soin)
Je crus ne pouvoir pas m'en tenir assez loin.
Avec un tel dessein, sortant de la Phocide,
Bientôt pour mes travaux je trouve un autre guide.
La gloire me vengea des mépris d'Apollon.
J'apperçois cinq Guerriers, entrant en un vallon :
Leur fierté, leur orgüeil dispute à mon courage
L'honneur de me laisser & ceder le passage.
Je les attaque, & vois ma force en ce moment
Me donner tout l'honneur de cet évenement ;

Ils périssent tous cinq. Armidas, quelle joïe!
Sans cet heureux succès, aux vrais chagrins en (proïe,
J'ignorois où mes pas se devoient adresser:
Mais à la fin j'eus lieu de ne plus balancer.
Te le dirai-je! Hercule, un si glorieux maître
Ne me paroissoit plus tel, ni digne de l'être.
Je changeai mon dessein de m'attacher à lui,
Et je vins en ces lieux où je suis aujourd'hui.
Le désordre y regnoit; & ce Monstre funeste
Le Sphinx, qui s'étoit joint à l'ardeur de la peste,
Avoit détruit tous ceux qui l'avoient attaqué.
Je ne le craignis point, son séjour indiqué,
Bien instruit, avec lui devant qu'entrer en lice,
Qu'il falloit d'une Enigme éclaircir l'artifice;
Je pars, je vois le Sphinx; son Oracle entendu,
Je l'abats, & le calme aux Thebains est rendu;
Oüi le calme parfait. D'abord la peste cesse,
On n'entend plus partout que des cris d'allegresse.
Quel succès, quels honneurs ne me causa-t'il pas?
Le peuple à mon retour accompagnoit mes pas.
Je regnois dans les cœurs: Partout j'entendois dire,
Ah! ce n'est point assez pour lui de cet Empire.
Ce n'étoit point assez: Non, ils avoient raison.
Mais Jocaste bientôt me fit un autre don.
Cette Reine adorable, aux Dieux obéïssante,
Aux maux de ses sujets mere compatissante,
Dégagea sa promesse en me donnant sa main.
Heureux restaurateur de l'Empire Thebain,
Roi, mari fortuné, je dus tout à moi-même.
Oüi, moi seul artisan de mon bonheur extrême,
Des douceurs du repos, des charmes de la paix
Je m'allois apliquer à combler mes sujets;
Quand du Ciel sur ces lieux l'ordinaire inclemence
Parut, & de Laïus prescrivit la vengeance.
Quelques soins que Jocaste, au tems de ce mal- (heur,
Ait pris pour en saisir, ou découvrir l'auteur,

On n'en a rien apris, & cette sage Reine
Qui voïoit sa recherche être douteuse ou vaine,
Thebe d'ailleurs en butte au celeste courroux,
Abandonna celui de venger son époux.
Tant de fléaux du Ciel tombez sur cette terre,
La famine, le Sphinx, & la peste & la guerre,
Engagerent Jocaste en des soins si pressans,
Qu'elle remit enfin le reste à d'autres tems.
Je me suis vu depuis monté dessus le Trône ;
Ceci ne regardoit alors que ma personne.
Je n'ai point attendu d'autres ordres du Sort :
Je regnois, c'est assez. J'ai dû venger ta mort
Laïus, malheureux Roi, si je n'ai pu le faire,
Le Sort ne m'en dût pas montrer tant de colere.
La peste ici renaît, la famine, l'horreur ;
Ai-je dû meriter, ô Ciel, tant de fureur ?
Dans le Palais des Rois ces maux n'ont point d'en-(trée.
Mais par d'autres chemins ta vengeance assurée....
Mes fils qui se montroient d'un esprit doux, ac-(cort,
Entrerent en dispute & changerent dabord.
Des soupçons odieux, & d'indignes querelles
Porterent à l'excès leurs haines mutuelles.
Mais pour remedier à leur dissention,
Que je n'attribuois qu'à leur ambition,
Et pour nous délivrer enfin de toute crainte,
Etheocle partit pour regner à Corinthe.
De mes droits d'heritier en sa faveur démis,
Exempt par ce moyen de forfaits inoüis,
Mon ame rapelloit les bontez de mon pere,
Et je ne craignois plus d'attenter à ma mere.
Et l'on veut aujourd'hui que Polibe à sa mort....

ARMIDAS.

Vous n'étiez point son fils.

OEDIPE.

Ah! trop barbare Sort,
De ton iniquité....

ARMIDAS.

J'eus votre confiance;
Jadis vous me croïiez. Laissez moi l'esperance,
(Je le repete encor, vous n'étiez point son fils)
De vous voir à l'instant nous rendre Fenamis.

OEDIPE.

Moi!

ARMIDAS.

Songez au respect qu'on doit au Diadême,
Qu'il faut toujours aider à son éclat suprême,
Et qu'enfin de la honte on risque le danger
A retenir des Rois, ou ne les pas venger.

OEDIPE.

Ou ne les pas venger! Armidas, que veut dire
Ce transport, & quel est le Dieu qui te l'inspire?
Ne les pas venger! moi!

ARMIDAS.

Quel aveugle courroux!
Ce Trône où je vous vois, ce Trône est-il à vous?
Vous abatez le Sphinx. Un peuple injuste, impie,
Gemissant sous le poids des maux de sa patrie,
Loin de vous regarder en vrai Liberateur,
Eût dû plûtôt des siens punir en vous l'auteur;
Vous massacrez Laïus, vous épousez sa veuve;
Des fureurs du Destin veut-on qu'une autre épreuve....

OEDIPE.

Ah! traitre, que dis tu?

ARMIDAS.

Non, je n'insiste point:
Et je vous dois, Seigneur, contenter sur ce point.
De Laïus, il est vrai, vous étes l'homicide;
Ce Prince fut tué par vous près la Phocide;
Je dis la verité, j'en suis assez instruit.
Vous, si vous le pouvez, tirez-en quelque fruit;
Du Prêtre d'Apollon consultez la science.
Mais pour cette injustice & cette violence
Que souffre Fenamis, & malgré tous ses droits,
Les égards, les respects en tous lieux dûs aux Rois,
Que....

OEDIPE.

Fui, quitte ces lieux. Ta lâche fureur, traître,
Pourra coûter le jour à toi comme à ton Maître.

ARMIDAS.

Mais, Seigneur,

OEDIPE.

Fui, te dis-je, & sans me repliquer...

SCENE VII.

OEDIPE *seul.*

COMMENT sa rage ainsi s'ose-t'elle expliquer?
Ce n'est donc pas assez de m'ôter ma naissance,
Et d'ôter à mon fils la suprême puissance,
Tu veux m'ôter encor & la vie & l'honneur,
Assassin de Laïus! Ah Dieu, quelle terreur!
Dans tes prédictions tu mets trop d'injustice;
Apollon ne daigna jamais m'être propice.
Quand je le consultai pour la premiere fois,
Quel mépris, quelle honte éclata dans ses loix?
Alors je leur donnai mon dedain pour salaire;
Mais je sens qu'aujourd'hui je ne puis plus le faire,
Je me vois sans parens & crains d'être assassin.
Allons, quoiqu'il en soit, éclaircir mon destin.

ACTE IV.

SCENE PREMIERE.

JOCASTE, ETHEOCLE.

ETHEOCLE.

AH! cette inaction où l'on tient ma colere,
Personne ne m'entend, je m'en plains à ma mere,
Madame, oüi je m'en plains pour la derniere fois,
Offense l'Univers, outrage tous mes droits.
Oedipe de Corinthe a cedé la Couronne.
Faut-il que je me laisse ainsi ravir un Trône?
La mort de Fenamis est duë à mes douleurs,
Pourquoi retenez-vous de si justes fureurs?

JOCASTE.

Le desordre du Roy ne sçauroit se comprendre,
Et je crains, quelques soins que pour lui j'ose prendre,
Que, guerissant nos maux, les siens ne le soient point,
Croïez que je vous sers; soïez ferme en ce point.
Oüi, Prince, je vous sers, &, si j'en étois cruë,
Votre esperance encor ne seroit point déçuë.

ETHEOCLE.

Que ne me laisse-t'on mes droits & mon pouvoir?
Que ne m'est-il permis de les faire valoir?

Madame, quel est donc cet important service,
Dont...

JOCASTE.

Si j'en étois cruë, on vous rendroit justice.
Fenamis à vos coups par nous abandonné
Par Ismene à la mort seroit accompagné;
Si le Roy, qu'on trahit sous couleur d'un grand zele,
Pouvoit se défier d'un sujet infidele;
S'il pouvoit résistant à la rigueur du Sort,
Souffrir qu'on l'arrachât à la honte, à la mort.
Il vient, retirez-vous, & revenez aprendre
Ce que de votre pere on peut encor attendre.

SCENE II.

OEDIPE, JOCASTE, Suite.

JOCASTE.

LE trouble où je vous vois me devroit étonner;
Mais votreame aux fraïeurs se laisse abandonner.

OEDIPE.

J'éprouve tous les Dieux cruels, inexorables.
Mes craintes, mes fraïeurs, helas! sont excusa-
(bles,
On m'ôte mes parens. Ah Jocaste, on fait plus.
Oui, l'on veut que je sois l'assassin de Laïus.
Un homme de Corinthe, à qui je dois la vie
Qui sur le Citheron eût dû m'être ravie,
Cet homme qui prit soin de mes plus jeunes ans,
Qui m'a toujours, dit-il, suivi depuis ce tems,
Armidas veut qu'un jour auprès de la Phocide
Aïant trouvé Laïus, je sois un parricide,
Un traitre, un meurtrier, un lâche, un assassin.
Si c'est moi, de Laïus qui finis le destin,

Sera-t'il

Sera-t'il sur la terre un Roy plus misérable,
Un sort plus que le mien funeste & déplorable?
Execrable aux humains, au Sort, à tous les Dieux,
A qui nul étranger, nul homme de ces lieux
Par un accueil ami ne peut jamais répondre:
Que dis-je, que chacun & partout doit confondre.
Si je suis criminel, helas! de mon malheur
Je me vois désormais etre moi-même auteur.
Mes imprécations faites contre moi-même
N'ont sçu que trop aider à la fureur suprême.
Si j'ai tué Laïus, ces criminelles mains
Ont profané son lit, & ses droits les plus saints:
La veuve de Laïus avec moi s'est unie!

JOCASTE

Vous étes mon époux, Thebe vous doit la vie.
Le meurtre de Laïus, s'il étoit averé,
Ne pourroit nuire encor à ce titre sacré.
Mais ce Corinthien donne-t'il quelque marque
A bien voir qui causa la mort de ce Monarque?

OEDIPE.

Si ce qu'il m'en a dit ne m'en rend pas certain,
Mon malheur, mes remords, la haine du Destin....
Oui mes remords, Madame: En effet je rappelle
Le triste souvenir d'une action cruelle,
Que j'avois jusqu'ici regardée autrement,
Et comme de ma gloire un juste monument,
Mais qu'enfin Arinidas m'a fait voir trop coupable.
Je ne sçais; mais je crains qu'il ne soit veritable.
Un jour près la Phocide, en un obscur vallon,
(Mon cœur étoit outré du mepris d'Apollon,
Ce Dieu m'avoit prédit que je tûrois mon pere,
Et que son meurtrier j'épouserois ma mere)
Chagrin, chargé d'ennuis je trouve cinq Guerriers,
Sans trop sçavoir pourquoi j'attaque les premiers,
Et les autres soudain venant à leur défense
Eprouvent mes transports & non pas ma vengeance.
Fort peu de tems après j'arrivai près de vous,
Le Sphinx, l'horrible Sphinx expira sous mes coups.

Si vous pouvez juger par quelque circonstance
Que mon crime soit sûr, mettez-le en évidence,
Et donnez à ma gloire un essor genereux,
Qui veut encor sauver des peuples malheureux.

JOCASTE.

Quoi! parce que Laius perît près la Phocide,
Avec quatre des siens, vous serez parricide.
Vous vous attriburez à vous seul des malheurs,
Qu'alors on rejetta sur d'infâmes voleurs.
Ah! ce Corinthien, cet ami si fidele,
En vous les imputant, vous fait voir un grand zele.
Ouvrez les yeux, Oedipe, & songez que la peur
Trop indigne de vous deshonore un grand cœur.
Que doit craindre celui qui regarde & qui laisse
La fortune de tout souveraine Maîtresse,
Qui croit que le hazard & non l'ordre des Dieux
Fait les évenemens qui surprennent ses yeux,
Qui sçait toujours armé d'une ferme constance,
A de prudens efforts commettre sa défence?
Ouvrez les yeux, Seigneur, & voïez de quel cas
Vous devez honorer les avis d'Armidas.
Cet infidele ami veut vous noircir d'un crime,
Dont même le soupçon est trop illegitime.
Il cherche Fenamis, il vous manque de foi,
Il ne veut point avoir Etheocle pour Roi.
Suivrez-vous un conseil qui part d'un cœur sincere;
Armidas vous trahit, osez vous en defaire;
N'hesitez point, Seigneur, & livrez Fenamis
A la juste fureur d'Etheocle, d'un fils,
Dont par là vous calmez le désespoir funeste.
Ne perdez point de tems, je me charge du reste;
Et ce reste puni comme il est projetté,
Rend à vos droits trahis toute leur dignité.

OEDIPE.

Qui, moi! lorsqu'on m'impute un crime épouvan-(table,
Que je dois craindre d'être un monstre abomina-(ble,

Si j'ai tué Laïus, où ſera mon recours ?
Le ſalut des Thebains veut la fin de mes jours ;
Et mes affreux ſermens de venger ſa diſgrace
Doivent leur garantir ce qu'il faut que je faſſe.

JOCASTE.

Ces imprecations que fit votre douleur,
Etoient contre le crime, & non pas le malheur.

OEDIPE.

Soit crime, ſoit malheur, il faut ſauver l'Empire ;
Il faut, pour le ſauver, que l'aſſaſſin expire.

JOCASTE.

Mais avant qu'expirer, il faut qu'il ſoit connu.
C'eſt à ſon dévoüement que ce ſecours eſt dû,
Et non pas à la peur, qui par ſon trouble extrême
L'engageroit ſans fruit à ſe perdre ſoi-même.

OEDIPE.

Et qui du poids affreux du trouble & de l'effroi
Pourroit être à preſent plus accablé que moi ?
Le paſſé me revient ; helas ! ma vie entiere
Ouvre aux plus noirs ſoupçons la plus triſte carriere.
Par mes propres auteurs en naiſſant condamné,
Jetté dans les forêts, aux ours abandonné,
Je rencontre une main, dirai-je charitable !
Ne m'a-t'elle ſauvé que pour être coupable ?
Que pour être aſſervi honteuſement aux Dieux,
Au courroux d'Apollon qui me ſuit en tous lieux ?
Ah, ſurcroit de tourmens ! je dois tuer mon pere ;
Aſſaſſin j'entrerai dans le lit de ma mere.
Je ne vois point encor que ces crimes ſoient faits,
Mais je ſens dans mon cœur mille remords ſecrets,
Mille allarmes.... Grands Dieux ! & toi, Majeſté (ſainte,
Que mon cœur a toujours regardée avec crainte,
Ne ſouffre pas que luiſe un jour ſi malheureux,
Où je ſerai chargé de ces crimes affreux.

JOCASTE.

Quoi d'horreurs en horreurs vos craintes inſenſées
(Pardonnez-moi ce mot) promenent vos penſées.

Je pourrois augmenter un si funeste ennui,
Si je vous racontois mon songe d'aujourd'hui.

OEDIPE.

Pourriez-vous ajouter à ma douleur mortelle ?

JOCASTE.

Un poignard à la main, une fille rebelle,
Isinene s'est montrée à mes sens éperdus
En s'écriant, ton fils, Oedipe ne vit plus.
Je ne dis point ceci pour croître votre crainte,
Mais plutôt pour bannir une indigne contrainte,
Où la soif du malheur, votre credulité,
Un funeste panchant vous retient arrêté.
Si cependant encor ce recit vous offense,
Contre vos ennemis prenez votre vengeance ;
Immolez Armidas à votre sureté ;
Qu'Etheocle ait d'un Roy toute l'autorité.
Moi, je réponds d'Isinene,& si l'on veut m'entendre,
C'est l'unique parti que vous aiez à prendre.

OEDIPE.

Le Ciel sçait m'inspirer des soins bien diférens ;
Aprenons mes forfaits, connoissons mes parens.
C'est trop long-tems, Madame, ignorer ma nais-
(sance.

JOCASTE.

Ah !

OEDIPE.

Je vois trop pourquoi ce soin-là vous offense.
Apellez Armidas.

JOCASTE.

Que faites-vous ? Seigneur,
Voudrez-vous écouter ce perfide imposteur ?

OEDIPE.

Il pourra m'éclaircir du sang qui m'a fait naitre.

JOCASTE.

Malheureux ! puisses-tu jamais ne te connaître !

OEDIPE.

Ah ! quand je serois né dans le plus vil état,
Ce malheur ne pourroit rien ôter à l'éclat

De toutes ces grandeurs qui comblent votre vie,
A la fierté du sang dont vous étes sortie.

JOCASTE.

N'importe, croïez-moi.

OEDIPE.

Je ne vous croirai point,
Et je veux être enfin éclairci sur ce point.
Apellez Armidas. Que cette ambitieuse,
De tous les biens qu'elle a follement orgueilleuse.

JOCASTE.

O douleur! Malheureux! ó Jocaste! ó Laïus!
Malheureux, je te quitte, & ne te verrai plus.

SCENE III.

OEDIPE *seul.*

ALLEZ donc, & laissez votre époux déplorable
Soumettre sa puissance au Destin qui l'accable.
Moi, quelque vil que soit le sang dont je suis né,
Je veux sçavoir à quoi le Ciel m'a destiné.
Femme altiere, superbe, & qui crains la distance
Que peut entre nous deux avoir mis ma naissance,
Malgré ce grand orgüeil qui se découvre en toi,
Sçache que je veux bien ne regarder en moi
Qu'un fils de la fortune & douce & complaisante;
Je suis son fils, elle est ma mere bienfaisante.
Les jours, les mois, leur cours avec moi commencé
Au point où je me vois par dégrez m'a poussé.
Si je suis tel par ceux qui me donnerent l'être,
Que pourrois-je esperer fuiant de me connoître?

SCENE IV.

OEDIPE, ARMIDAS.

OEDIPE.

VIEN, aproche, Armidas. Vien, ami genereux,
Je n'ai d'espoir qu'en toi, secoure un malheureux.
Tout me quitte ; je viens de voir même une épouse
Fiere de sa naissance, & de ses droits jalouse
Me süir en ce moment, me fuir avec horreur ;
Pour la premiere fois j'éprouve sa fureur.
J'ai vécu jusqu'ici glorieux, magnanime,
Je me suis cru toujours exempt du moindre crime.
Mais je vois à la fois tant de maux m'accabler
Que toute ma vertu commence à s'ébranler.
Nuage obscur, épais, immense, impenetrable,
Des maux les plus cruels image épouvantable,
Ne souffrirez-vous point que je sçache mon sort ?
Ce bras du grand Laïus a-t'il causé la mort ?

ARMIDAS.

Je le crains, & je dois, Seigneur, même le croire.
Et vous, si vous voulez vous remettre en memoire
Ces tems, où nous quittant Delphes vous accueillit,
Où, fuiant les horreurs qu'Apollon vous predit,
Vous vintes à Daulis auprès de la Phocide,
Le tems, où de Laïus se fit le parricide,
Avec quelques rapports de plus d'un passager,
Vous conviendrez, Seigneur, que j'ai dû vous juger
Criminel malheureux de meurtre volontaire.
Mais ce n'est point à moi d'expliquer ce mystere.

OEDIPE.

Et de ces passagers qu'apprites-vous alors ?

ARMIDAS.

Qu'un homme seul, en proye aux plus ardents transports,

En avoit défait cinq en un étroit passage...

OEDIPE.

Ah, quel frémissement vient saisir mon courage!
Mais, après les perils qui m'étoient réservez,
Dont mes plus jeunes ans par vous furent sauvez,
Que n'ai-je point à craindre? Assassin, sanguinaire.
En immolant Laïus, j'aurai tué mon pere.
Victime dévoüée à l'opprobe, aux forfaits,
En naissant aux vautours laissé dans les forêts....

ARMIDAS.

De tout ce que je sçais puisqu'il faut vous instruire,
Quand un hazard heureux sçut vers vous me con-
(duire,
Que presque inanimé, sans force & sans vigueur,
Je vous sauvai la vie... Il étoit tems, Seigneur,
Je sçavois que Jocaste à votre même peine
Avoit abandonné son fils. Mais cette Reine
Ne vous a-t'elle point....

OEDIPE.

Helas! sourde à mes cris...

ARMIDAS.

Vous en sçavez assez pour rendre Fenamis.
Si vous voulez encor vous instruire du reste....:

OEDIPE.

Grands Immortels! Grands Dieux! mon desespoir
(funeste.....
Ah! Jocaste, ah! barbare, & tu viens de jurer
Qu'un éternel divorce alloit nous séparer.

ARMIDAS.

Allons, Seigneur, ensemble, allons chez Tiresie.
Ce Devin nous suffit. Votre crainte éclaircie...

OEDIPE.

Ah! que m'aprendra-t-il? Helas! le sort affreux
Du cœur le plus coupable & le plus malheureux.

ACTE V.

SCENE PREMIERE.

OEDIPE, ARMIDAS, TIRESIE.

OEDIPE.

VOus connoissez les maux que souffre
la Patrie ;
Le remede est en vous ; quel soin nous
le denie ?
Etre utile aux humains, & de tous ses talens
Secourir un Etat, des peuples chancelans,
Offre aux cœurs vertueux le prix le plus solide.
C'est cet unique espoir qui devers vous me guide.
Méprisez-vous un Roi ? dites, parlez. Cruel !
Un roc s'animeroit par ce refus mortel.
Garderez-vous toujours ce silence inflexible ?

TIRESIE.

Cessez de m'accabler d'un reproche terrible.
Qu'un homme est malheureux d'avoir sçu pénetrer
Des secrets qu'à jamais il voudroit ignorer.
J'ai trop dequoi répondre à toutes vos demandes ;
Et c'est ce qui me livre aux douleurs les plus gran-
(des.
Ah ! je n'aurois jamais dû venir en ces lieux.
Souffrez, Seigneur, souffrez que je vous quitte.

OEDIPE.

Cieux !
Toujours

Toujours même refus. Quelle sombre tristesse !

TIRESIE.

Seigneur, encor un coup souffrez que je vous laisse.
C'est tout ce que je puis faire de mieux, pour moi,
Pour le bien de l'Etat, du peuple, & de son Roi.

OEDIPE.

Ce que vous dites là ne marque point le zele
Ni d'un bon citoïen, ni d'un sujet fidele.
Est-ce aimer le séjour où vous fûtes nourri,
Que de lui refuser l'espoir d'être gueri ?

TIRESIE.

Je crains de vous tenir un discours téméraire
Contre votre interêt ; vous venez de le faire.

OEDIPE.

Grand Prêtre, au nom des Dieux, lorsque vous le (sçavez,
Dites-nous ce secret puisque vous le pouvez.
Donnez-le aux vœux, aux cris d'une ville assemblée.
Eh quoi, votre pitié ne peut être ébranlée ?

TIRESIE.

C'est qu'ils ne sçavent pas ce qu'ils demandent tous,
Moi qui sçai ce secret trop nuisible pour nous ;
Je crains de déclarer votre infortune extrême,
Je crains de perdre tout, de me perdre moi-même.

OEDIPE.

Comment, vous le sçavez, & ne le direz point ?
Voulez-vous être injuste & cruel à ce point ?
Voulez-vous nous trahir sans pitié, sans justice,
Livrer l'Etat en proïe à ce fatal caprice ?

TIRESIE.

Je ne veux point, Seigneur, moi-même m'offenser;
Ni les Thebains, ni vous ; cessez de m'en presser.
Par un reproche vain cessez de me confondre,
Quand toute ma réponse est de ne rien répondre.
Le tems découvrira ce qu'à present je tais.

OEDIPE.

Si le tems doit un jour découvrir ces secrets,
Qui vous porte, inhumain, à present à les taire ?
Parlez.

TIRESIE.

Vous le voulez : il faut vous satisfaire.
Remplissez vos devoirs, & cessez d'aujourd'hui
De combler cet Etat du plus funeste ennui.
Meurtrier de Laïus, ma voix n'est point suspecte,
Abandonnez ces lieux que votre vuë infecte.

OEDIPE.

Est-il sûr que Laïus soit mort par cette main ?
C'est moi ! c'est moi, grand Prêtre !

TIRESIE.

Oui, rien n'est plus certain.

OEDIPE.

Achevez ; vos discours n'auront point mes repro-
(ches.

TIRESIE.

Eh bien sans le sçavoir, sans connoître vos pro-
(ches,
Le plus honteux lien vous unit avec eux.
Je tremble en vous parlant ; mais vos maux sont
(affreux.
Cette terre est pour vous une terre ennemie ;
Sçavez-vous, malheureux, qui vous donna la vie ?
Déplorable ennemi de vos premiers parens,
Soit qu'ils vivent, ou soient près du Cocite errans,
Et proscrit en naissant par un pere, une mere,
Leur malediction toujours sûre & severe
Vous poursuit à grands pas, vous chasse de ces lieux.
Sur votre sort terrible, Oedipe, ouvrez les yeux.
Cet homme, ce cruel qui causa nos disgraces,
L'objet de vos decrets, l'objet de vos menaces,
L'assassin de Laïus que vous cherchez ainsi,
Je dis, en vous voïant, je dis qu'il est ici.

OEDIPE.

Helas !

TIRESIE.

Le crime en vous surprendroit-il votre ame !
Frere de vos enfans & fils de votre femme,
Apollon....

OEDIPE.

Ah ! ce Dieu conduisit mes fureurs.

TIRESIE.

C'est votre mort qu'il faut nous donner, non des (pleurs.
Je vous quitte à present, c'est à vous de m'enten- (dre ;
Je vous en ai trop dit pour ne me pas comprendre.
Remplissez vos devoirs.

OEDIPE.

C'est moi ; je vous entends
Oui je les remplirai ; je vois qu'il en est tems.
Allez Grand Prêtre, allez. Aprenez à la Reine
Ses forfaits & les miens. Puisse cette inhumaine,
Ma trop injuste mere, à tant de droits trahis
Sacrifier des jours trop dignes de mépris.
Les Dieux dédaigneront de semblables victimes.
Allez.

SCENE II.

OEDIPE, ARMIDAS.

OEDIPE.

Enfin ma vie est un tissu de crimes ;
Mon sort est éclairci. Pour la derniere fois,
O lumiere du jour, aujourd'hui je te vois.
Ah ! cruel Armidas, dont la pitié funeste
Sçut me donner jadis des soins que je déteste,
Sans toi, fatal ami, sans toi, sans ton secours,
Des malheurs des Thebains j'aurois tari le cours.
Jamais aucun mortel n'auroit vû sur la terre
Un fils si criminel, si digne du tonnerre.
Qui suis je maintenant ! un malheureux, issu
D'un sang maudit. Qui suis-je ! un fils, un fils conçu

Dans le sein de sa femme, assassin de son pere.
Ah Grands Dieux! mais, avant que de vous satisfaire,
Allons voir Fenamis; Armidas, vien, sui-moi,
Et des Corinthiens avoüons-le pour Roi.

SCENE III.

JOCASTE *seule, sortant d'une chambre où paroît un lit.*

Ah couche malheureuse, effroïable, funeste!
Aprens par mes sanglots combien je te déteste.
Tu vis donner naissance au plus grand des forfaits.
Quels sont de notre hymen les horribles progrès,
Laïus? Oui, c'est ici que naquit ce perfide,
Qui commit contre toi ce cruel parricide,
A qui sa mort d'un pere, à ce fils qu'il produit,
Destine au même instant une place en son lit,
Lui laisse pour épouse une mere maudite
Par sa fécondité qu'a son malheur prescrite.
C'est ici qu'un époux me donne un autre époux;
Qu'un fils qui nous avoit vengez & sauvez tous,
Entrant dedans ce lit, par moi trouve des freres.
Mélange affreux d'époux, de freres & de peres!
Laïus, entends mes cris, Laïus, sors des Enfers:
Tires-en avec toi mille tourmens divers;
Vien voir, de tous ces biens qui flaterent sa vie,
Jocaste injustement tombée en l'infamie.

SCENE IV.

OEDIPE, JOCASTE, DIMAS, ARMIDAS.

OEDIPE *ne voyant point Jocaste.*

MONTREZ-LA moi, cruels.

JOCASTE.

Ah ! ce dernier objet
Détermine mon cœur. J'ai vêcu, c'en est fait.

SCENE V.

OEDIPE, DIMAS, ARMIDAS.

OEDIPE.

MONTREZ-LA moi, cruels, souffrez que je la voie,
Barbares, laissez-moi cette horreur, cette joïe.
Je dois tout à Jocaste, & dois tout aux Thebains,
A ma famille, avant qu'à ces grands Souverains,
Ces redoutables Dieux, ces puissans adversaires
Qui répandent sur moi le comble des miseres.
Eclairci des fureurs, qui de mes tristes jours
Par leur ordre fatal signalerent le cours,
Je me vois accablé de forfaits execrables,
Et n'ai plus que les noms qui sont dûs aux coupables

Laïus, quatre des siens, le Sphinx, ces deux com-
(bats
Auroient éternisé mon esprit, & ce bras...
Que dis-je! c'est par eux que j'ai perdu ma gloi-
(re.
Ah! n'en rappelle plus la fatale memoire,
Ou, si tu veux encor la permettre à ton cœur,
Que ce soit pour mourir avec un peu d'honneur;
Si l'horreur toutefois attachée aux grands crimes,
A des forfaits qu'il faut expier par victimes,
Te souffre ta vertu, la laisse agir en paix;
N'espere rien; le Sort a comblé tes forfaits.
Je puis dumoins, suivant la vengeance suprême,
Contraindre ma vertu de me rendre à moi-même.
Montrez-moi donc Jocaste. Amis, montrez-la moi:
Veüillez executer l'ordre dernier d'un Roi.
Montrez-moi donc ma mere... Une fureur jalouse
Veut-elle refuser... Montrez-moi mon épouse...
Montrez-moi votre Reine... Eh quoi, ces quatre
(noms
Ne sçauroient vous suffire... Allons, amis, allons.
Où donc est cet objet de la fureur celeste,
Cette femme avec moi qui commit un inceste,
Mon épouse en ses flancs qui me porta jadis,
Ma mere, [illegible] n'avoit depuis donné des fils,
En qui je fis rentrer le sang que j'avois d'elle?
Où cette malheureuse, où cette criminelle,
Si déplaisante au Sort, est-elle maintenant?
Mais cette porte mene en son appartement.
Je crois oüir du bruit. C'est elle, ouvrez... Qu'on
Il enfonce la porte. (ouvre....
Pourquoi tardez-vous tant? Qu'est-ce que je dé-
(couvre?
Eh quoi, Jocaste est morte! en l'état où je suis
Falloit-il ajouter sa mort à mes ennuis?
Ah! que le même fer, comme les mêmes peines,
Terminent à la fois ses douleurs & les miennes.

Donnez-moi ce poignard que j'ai vu dans sa main.
Allons, amis, montrer à ce peuple Thebain
Ce parricide fils, ce fils, qui de sa mere
Eut des fils, dont il fut & le pere & le frere.
Destin impitoïable ! ah douleur ! malheureux !
Je ne puis plus rien voir qui ne me soit affreux.
Grand Jupiter, j'entends l'éclat de ton tonnerre ;
Attends, Grand Dieu : Je vais fuir loin de cette (terre.
Mes imprecations contre un traître, un cruel
T'assurent de ma mort ; je suis ce criminel.
De toutes mes grandeurs c'est tout ce qui me reste :
Je n'ai plus que ce titre. O Citheron funeste !
O Mont cruel ! pourquoi me daignant accepter,
Helas ! n'osas-tu pas dabord executer
Ce qu'avoient mes auteurs prescrits contre ma vie ?
Si dans le même instant ton soin me l'eût ravie,
J'aurois à l'Univers épargné cette horreur,
Jamais de ma naissance il n'eût sçu le malheur.
O Polibe ! ô Corinthe ! ô vous, Palais antique,
Que, je ne comprends point par quelle politique,
On disoit le séjour de mes propres ayeux,
Helas, amis cruels, helas, funestes lieux,
A quels maux, mais du bien cachez sous l'aparence,
M'avez-vous destiné dès ma plus tendre enfance ?
Je passois pour un Prince & grand & vertueux ;
Et je suis parricide, & suis incestueux.
Quel fut votre dessein ? Ah vos soins pitoyables
M'ont fait voir criminel né de parens coupables.
O bois épais, vallon obscur, fatal chemin,
Abreuvez de mon sang, versé par cette main,
Qui le bûtes, ce sang de mon Roi, de mon pere,
Vous fûtes les témoins d'un horrible mystere.
Ciel ! quels forfaits affreux mais encor inoüis
Suivirent mon abord en ce fatal païs ?
O Thebe ! dois-je encor t'appeller ma patrie !
Hymen, funeste hymen, tu me donnas la vie.

Après ce don, au sein qui m'avoit animé
Tu reportas le sang dont tu m'avois formé ;
Et par-là tu fais voir confondus & les peres,
Et les freres, enfans, filles, femmes & meres,
Le sang avec le sang indignement mêlé,
Ce qui de plus honteux pût être dévoilé.
Mais tout ce que sans honte on n'a jamais pû faire,
Devroit être tenu secret, il faut le taire.
Infortuné! Thebains, au nom de tous les Dieux,
Chassez un homme horrible, un monstre de ces (lieux.
Percez de mille traits l'horreur, l'effroi du monde,
Ou, pour ne me plus voir abimez-moi dans l'onde,
Venez, portez la main sur un infortuné,
Qui fut par vos Rois même en naissant condamné.
Cet ennemi des Dieux, qui l'ont trop sçu confondre,
Vous le demande en grace... On n'ose me répon- (dre.
Ah! laissez-vous fléchir; que craignez-vous de moi?
Ne craignez point les maux que souffre votre Roi,
Ils sont faits pour lui seul.

SCENE VI.

OEDIPE, ses Fils, ses Filles, ARMIDAS, DIMAS, FENAMIS.

ANTIGONE, ISMENE *ensemble.*

O Mere malheureuse!

ETHEOCLE & POLINICE *ensemble.*

Ah! Seigneur.

OEDIPE *à Fenamis.*

Vous voïez ma destinée affreuse;

Ah! dois-je vous presser de punir mes forfaits ?
Je vous fis une insulte, elle fut à l'excès.
Roi, je vous ravissois la supréme puissance :
Vous, Roi, vous en devez sur moi prendre ven-
(geance.
Ces traits entre des Rois ne se pardonnent pas.
Je le dis, je le pense aux portes du trépas.

FENAMIS.

Seigneur, le malheur seul peut-il ainsi répandre
Ces sentimens d'horreur que votre ame ose prendre?
Vos malheurs sont affreux; je n'ose vous prier
De chercher à les vaincre, ou de les oublier.
Mais que de votre aveu je puisse aumoins prétendre
Au bonheur, à l'honneur de me voir votre gendre.

OEDIPE.

Seigneur, je fus injuste, & votre sentiment
Sans doute est genereux, grand veritablement.
Vous n'avez point d'horreur du malheur de ma fille,
Malheur terrible, égal pour toute ma famille.

A ses filles.

Venez, ne craignez point ces fraternelles mains;
Embrassez votre pere... Ah de tous les humains
C'est... Votre frere, helas! l'opprobre de la terre
N'eut pas un jour, qui n'ait merité le tonnerre.
Alors que je devins votre pere, ai-je sçu
Qu'au sein qui vous formoit j'avois été conçu ?
Ai-je sçu que j'avois tué Laïus mon pere,
Que sa femme & la mienne étoit ma propre mere ?
Mes filles, sur les Dieux n'ayez aucun effroi;
Priez-les, vous serez plus heureuses que moi.
Graces à Fenamis, déja, ma chere Ismene,
Sur l'avenir pour vous je ne suis plus en peine.

A Antigone.

Vous, j'espere qu'Hemon, dont je sçais l'équité,
Suivra de Fenamis la generosité.

Vous, Princes, je n'ai plus une double Couronne :
Je vous avois flatez l'un & l'autre d'un Tróne.
Vains projets de fortune ! il ne m'en reste qu'un ;
Je veux qu'à tous les deux il demeure en commun.
Vous avez, mes chers fils, l'avantage d'être hommes,
Et malgré nos malheurs, cet état où nous sommes,
Vous pourriez sans Couronne avoir un sort heureux ;
Mais il faut partager mon Trône entre vous deux.
Que chacun tour-à-tour regne ici chaque année :
Donnez un cours paisible à votre destinée.
Etheocle à Corinthe espera ce haut rang ;
Je croïois cet espoir permis aux droits du sang.
Qu'en ces lieux le premier il ait le Diadême ;

A Polinice.

Vous aurez dans un an la dignité suprême.
Ne me répliquez point sur ce juste projet :
Obéissez, mes fils ; je mourrai sans regret.

SCENE VII.

OEDIPE, ETHEOCLE, POLINICE, ISMENE, ANTIGONE, FENAMIS, TIRESIE, DIMAS, ARMIDAS.

TIRESIE *presente un poignard à Oedipe qui doit pendant toute la Piece n'avoir point porté d'épée, suivant la coutume en Grece, où les Rois n'en avoient point à leur côté.*

PRENEZ, malheureux Roi ; c'est Apollon lui-méme
Qui veut vous secourir en ce besoin extrême.
Gloire passée ! helas ! que vous gardoit le Sort !
Des pleurs, le désespoir, l'infamie & la mort.
Oedipe infortuné, prenez, cessez de vivre,
De votre état affreux que ce fer vous délivre.

OEDIPE.

Grace unique que j'eus jamais de ce grand Dieu !
Present de sa bonté ! mes chers enfans, adieu. *Il se tue.*

FENAMIS.

O courage heroïque !

ETHEOCLE.

O rigueur inouïe !

ISMENE.

O malheur !

ANTIGONE.

O disgrace !

POLINICE.

Est-ce assez de sa vie,
Grands Dieux ! pour vous calmer.

TIRESIE.

Sur le peuple Thebain
Va luire desormais un Soleil plus serein.

La mort fuit loin de nous : Les tombeaux se refer-
(ment ;
Les maux & les horreurs que les Enfers enferment,
Du Souverain des Dieux ont entendu la voix :
Tout se calme & paroît se soumettre à ses loix.
Reconnoissons-les tous aux éclats de tonnerre
Que fait entendre ici le Maître de la terre.
Thebains, sechez vos pleurs, tarissez-les. Cessez
De craindre de Laïus les mânes courouceez.
Le sang d'Oedipe donne à son ombre plaintive
Un frein, qui désormais doit la tenir captive.
Et vous, Prince, à Corinthe allez regner en paix,
Et qu'Etheocle ici répande ses bienfaits.

FIN.

DIALOGUE

Sur la Tragedie d'Oedipe & toute sa Famille.

L'AUTEUR.

QUEL Diable s'avise de faire un pareil bruit, & de m'éveiller si matin ?

M. BOIVIN.

Je ne suis point un Diable, mais un de vos amis.

L'AUTEUR.

Ah ! c'est vous. Après trois mois de sollicitations ma Requête enfin sortit hier de l'étude de mon Procureur : Aïez soin de la faire joindre aujourd'hui ou demain.

M. BOIVIN.

Je ne suis point un Diable, encore moins un Procureur. J'ai traversé pour vous voir des espaces immenses en moins d'un instant sans la flêche de Gomgam, & sans autre secours que celui de ma volonté. Je suis aujourd'hui l'ombre d'un corps que vous avez vû autrefois.

L'AUTEUR.

Dites-moi vîte le nom que vous portiez ?

quand vous étiez au monde.

M. BOIVIN.

Vous le devinerez aiſément quand vous ſçaurez que c'eſt votre nouvelle Tragedie d'Oedipe qui m'améne ici.

L'AUTEUR.

Vous êtes M. Boivin.

M. BOIVIN.

Vous l'avez dit.

L'AUTEUR.

Ah! Monſieur, pardonnez-moi ma mépriſe. Le corps repoſe chez moi; l'eſprit n'eſt jamais tranquile, & eſt ſans ceſſe occupé des Procès que ces Meſſieurs du Palais me font; je vous ai parlé là d'une Requête qu'il faut joindre à un Arrêt de renvoi. C'eſt d'elle & de mon Procureur que dépend la conſervation du peu qui me reſte. Mais quelque empire que prenne ſur mon eſprit une ſi juſte douleur, il ne me faut pas de grands efforts pour l'en tirer: Une Tragedie ſur le ſujet d'Oedipe ou ſur quelque autre, m'en délivre pour ſix ſemaines ou deux mois que j'emploïe à la compoſer: Ce n'eſt pas que cette nouvelle Tragedie d'Oedipe, dont vous parlez, doive ſa naiſſance à mes Procès: Elle la doit, Monſieur, à la preface qui précede votre traduction de l'Oedipe de Sophocle. Lorſque je la lus, je m'étonnai d'abord de ce qu'en faiſant tant de

Tragedies d'Oedipe, il ne m'étoit pas seulement une fois venu dans l'idée d'emploïer les lamentations du cinquiéme Acte. Corneille les avoit rejettées. Votre preface m'apprit qu'elles étoient d'un grand prix. J'ai connu votre habileté, l'excellence de votre goût, & la solidité de votre esprit. Votre sentiment sur ces plaintes d'Oedipe me fit chercher avec grand soin pendant deux jours un nouveau sujet sur les malheurs de ce Prince, & un moyen de faire préceder sa mort par ses plaintes, telles que Sophocle les a mises. Je crois être venu à bout de mon dessein ; je veux dire que mon 5e. Acte doit être bien reçu. Les Modernes avoient emprunté déja de Sophocle presque toutes ses autres beautez, qui sont très fréquentes dans sa Tragedie d'Oedipe, & avoient réussi. J'ai le premier usé de ces lamentations & ne leur ai rien ôté de leur merite. Cela ne m'a pas été bien difficile. J'ai mis en vers votre noble & magnifique traduction, & tout ce que j'y ai ajouté du mien, n'est qu'un tour assez ingenieux & très heureux en même tems pour sauver l'horreur que le visage sanglant d'Oedipe auroit causée aux Spectateurs. J'ai trouvé le secret de placer de si belles plaintes avant que ce Prince puisse porter ses mains sur lui, & quoiqu'un peu longues en un tems où ce Prince, qui est sans armes, ne cherche que la mort, elles ne courent point le risque d'ennuïer.

M. BOIVIN.

Mais vous parlez avec beaucoup de confiance. Ignorez-vous que les suffrages du Public ne souffrent point de contrainte, qu'il ne suffit pas de les meriter, qu'il faut aussi les solliciter dans les formes?

L'AUTEUR.

Oui je sçais que les sollicitations, au Palais du moins, aident & nuisent au bon droit; je me souviens aussi de ces deux vers;

Attendez en repos la réputation;
Ne précipitez point vos pas au-devant d'elle.

Mais ces lamentations vous ont plû, vous les avez loüées & même admirées; il ne m'en falloit pas davantage pour ... Que vois-je? Ah, c'est mon Procureur, celui dont je vous parlois tout-à-l'heure. Cet homme ne fera-t'il jamais de démarches que pour me nuire? Je vais vous perdre...

De l'Imprimerie de PAULUS DU-MESNIL.

APPROBATION.

J'AI lû par l'ordre de Monseigneur le Garde des Sceaux, un Manuscrit, qui a pour titre : *Recueil de plusieurs Ouvrages dramatiques*. A Paris ce premier Décembre 1728.

JOLLY.

PRIVILEGE DU ROY.

LOUIS, par la Grace de Dieu Roy de France & de Navarre, à nos amez & feaux Conseillers, les Gens tenans nos Cours de Parlement, Maîtres des Requêtes ordinaires de notre Hôtel, Grand Conseil, Prevôt de Paris, Baillifs, Senéchaux, leurs Lieutenans Civils & autres nos Justiciers qu'il appartiendra, SALUT. Notre bien amé le Sieur P. D. L. Nous ayant fait remontrer qu'il souhaiteroit faire imprimer & donner au Public un *Recueil de plusieurs Ouvrages dramatiques, contenant neuf pieces d'Oedipe, la Thebaïde aux Enfers, Dom Sebastien, le faux Dom Temicien, les cent Filles de Leon & d'Oviedo, Lyncée, Danaus*, s'il Nous plaisoit lui accorder nos Lettres de Privilege sur ce necessaires ; offrant pour cet effet de le faire imprimer en bon papier & beaux caracteres, suivant la feüille imprimée & attachée pour modele sous le contrescel des Presentes : A CES CAUSES, voulant traiter favorablement ledit Sieur Exposant,

Nous lui avons permis & permettons par ces Presentes de faire imprimer ledit Recueil ci-dessus specifié, en un ou plusieurs Volumes, conjointement ou séparément, & autant de fois que bon lui semblera, sur papier & caracteres conformes à ladite feüille imprimée & attachée sous notredit contrescel, & de le faire vendre & débiter partout notre Royaume, pendant le tems de six années consécutives, à compter du jour de la date desdites Presentes: Faisons défenses à toutes sortes de personnes de quelque qualité & condition qu'elles soient, d'en introduire d'impression étrangere dans aucun lieu de notre obéissance, comme aussi à tous Imprimeurs, Libraires, & autres, d'imprimer, faire imprimer, vendre, faire vendre, débiter, ni contrefaire ledit Recueil ci-dessus, exposer en tout ni en partie, ni d'en faire aucuns extraits sous quelque prétexte que ce soit, d'augmentation, correction, changement de Titre, même en feüille séparée ou autrement, sans la permission expresse & par écrit dudit Sieur Exposant, ou de ceux qui auront droit de lui, à peine de confiscation des Exemplaires contrefaits, de trois mille livres d'amende contre chacun des contrevenans, dont un tiers à Nous, un tiers à l'Hôtel-Dieu de Paris, l'autre tiers audit Sieur Exposant, & de tous dépens, dommages & interêts; à la charge que ces Presentes seront enregistrées tout au long sur le Registre de la Communauté des Imprimeurs & Libraires de Paris, & ce dans trois mois de la date d'icelles, que l'impression dudit Recueil sera faite dans notre Royaume & non ailleurs, & que l'Impetrant se conformera en tout aux Reglemens de la Librairie, & notamment à celui du 10 Avril 1725, & qu'avant que de l'exposer en vente, le Manuscrit ou

Imprimé qui aura servi de copie à l'impression dudit Recueil sera remis dans le même état où l'approbation y aura été donnée, ès mains de notre trés-cher & féal Chevalier Garde des Sceaux de France, le Sieur CHAUVELIN, & qu'il en sera ensuite remis deux Exemplaires dans notre Bibliotheque publique, un dans celle de notre Château du Louvre, & un dans celle de notred. très-cher & féal Chevalier Garde des Sceaux de France, le Sieur CHAUVELIN. Le tout à peine de nullité des Presentes: Du contenu desquelles vous mandons & enjoignons de faire joüir led. Sr. Exposant ou ses ayans cause, pleinement & paisiblement, sans souffrir qu'il leur soit fait aucun trouble ou empêchement. Voulons que la copie desdites Presentes, qui sera imprimée tout-au-long au commencement ou à la fin dudit Ouvrage, soit tenuë pour duëment signifiée, & qu'aux copies collationnées par l'un de nos amez & feaux Conseillers & Secretaires, foi soit ajoutée comme à l'original. Commandons au premier notre Huissier ou Sergent de faire pour l'execution d'icelles, tous actes requis & necessaires, sans demander autre permission, & nonobstant clameur de Haro, Charte Normande, & Lettres à ce contraires: CAR tel est notre plaisir. DONNE' à Compiegne le vingt-troisiéme jour du mois de Juillet, l'An de grace mil sept cent trente, & de notre Regne le quinziéme. Par le Roy en son Conseil.

Signé, NOBLET.

Registré sur le Registre VII. de la Chambre Royale & Syndicale de la Librairie & Imprimerie de Paris, n. 620, fol. 578, conformément au Reglement de 1723. qui fait defenses, Article IV. à toutes personnes de quelque qualité qu'elles soient, autres que les Libraires

& Imprimeurs, de vendre, débiter & faire afficher aucuns Livres pour les vendre en leurs noms, soit qu'ils s'en disent les Auteurs ou autrement; & à la charge de fournir les exemplaires prescrits par l'article CVIII. du même Reglement. A Paris le troisiéme Août 1730.

Signé P. A. LE MERCIER, *Syndic.*

J'ai cedé & transporté au sieur le Breton, le present Privilege pour en joüir en mon lieu & place, suivant l'accord fait entre nous. A Paris ce 15 Septembre 1730. P***.

www.ingramcontent.com/pod-product-compliance
Ingram Content Group UK Ltd.
Pitfield, Milton Keynes, MK11 3LW, UK
UKHW020406230726
13925UKWH00003B/1286